Guy Jimenes

Harcèlement

oskar
éditeur

PREMIER TRIMESTRE

Chapitre 1

Le jour de la rentrée

ENTRETIENS AVEC BASTIEN LANGE (EXTRAIT)

Le jour de la rentrée, j'avais dans l'idée que Karim se placerait à côté de moi, mais il a traîné dans les couloirs et c'est le nouveau qui a pris sa place. Je dis « le nouveau » parce que Boubard ne venait pas de Rauches comme la plupart d'entre nous, mais d'un autre collège.

Il a sorti sa trousse, un stylo, et a renseigné la fiche que Mme Biolle, la prof principale, nous avait déjà déposée sur les tables. « Nom », « Prénoms », « Profession du père », « Profession de la mère »…

Il restait concentré sur sa fiche qu'il remplissait d'une écriture appliquée.

Je ne savais pas pourquoi il ne me regardait pas. Par timidité ou par arrogance ? Ça pouvait être les deux.

– Tu as pris la place de Karim, lui ai-je dit.

– Je ne sais pas c'est qui.

– « Je ne sais pas qui c'est », l'ai-je corrigé, on ne dit pas « céki » ni « cékiki » ni « cékankon ».

Le nouveau a cessé d'écrire et relevé enfin la tête. Il a planté son regard dans le mien.

– J'étais à Béchaut, m'a-t-il dit comme en manière d'excuse. Un collège pas loin de…

– Ça va, je connais, l'ai-je coupé.

J'ai noté son regard bleu clair où le noir des pupilles faisait comme deux taches d'encre. J'ai trouvé que son visage aussi avait quelque chose de taché. Sauf le nez, rond et un peu aplati, luisant comme celui d'un bébé.

– On t'a déjà dit que tu as le nez rose ?

Il a ri bêtement, comme à une excellente blague. Il a ri par saccades, en secouant les épaules. Son rire, intense et silencieux, a cessé d'un coup, sans prévenir.

– C'est parce que j'ai attrapé chaud, a-t-il ajouté. J'ai fait fissa.

« Fissa »…

– C'est comme ça que tu parles ? C'est ce qu'on t'a appris à Béchaut ?

Il s'est alors rapproché de moi, prenant un ton de confidence. Je pouvais sentir son haleine :

– « Fissa », c'est la première fois que je le dis. Ça m'est venu tout seul. Peut-être parce que tu as parlé de Karim, que je ne sais même pas « c'est qui »...

Cette fois, il l'avait fait exprès et il a ponctué son « céki » de deux ou trois saccades de rire, avant de se remettre à sa fiche.

À la récré, dans la cour, Karim m'a demandé :

– Tu le sors d'où, ton nouveau pote ? Il s'appelle comment ?

– C'est pas mon pote. De Béchaut. J'en sais rien, je ne lui ai pas demandé son nom. Pour moi c'est Nez-rose !

Karim s'est tordu de rire. J'ai ri avec lui.

– Je t'assure ! Tu regarderas son pif de petit cochon.

– Rrron-rrrron, a fait Karim.

– Là, c'est plutôt le chat que tu me fais. Vous les Arabes, vous n'y connaissez rien en cochon !

Karim s'est esclaffé. On ne se parlait jamais sérieusement.

Le nouveau nous observait du coin de l'œil. Il a accroché mon regard et s'est senti autorisé à s'approcher. Il a tendu la main à Karim qui n'avait pas fini de rire et qui ne l'a pas saisie. C'était une main potelée, rose comme son nez. Le nouveau l'a enfoncée dans sa poche et il a fait pareil avec l'autre. J'observais son manège, sa façon de se dandiner, d'être avec nous et absent en même temps. J'ai eu envie de lui faire « bouh ! » rien que pour voir s'il détalerait comme un lapin ou s'il se mettrait à rire des épaules et continuerait à nous taper l'incruste.

Au lieu de ça, je l'ai enveloppé d'un geste ample, lui entourant les épaules de mon bras. C'est vrai qu'en tout début d'année, avant de mieux le connaître, j'avais plutôt envie de le protéger.

– T'inquiète pas, lui ai-je assuré, Karim et moi, on rigole tout le temps.

– Je ne m'inquiète pas, a-t-il affirmé. Je m'appelle Valentin.

Il y avait quelque chose de si comique dans sa voix qu'on a encore pouffé.

Bon. Je vous raconte peut-être trop de choses, je donne trop de détails… Non ? Eh bien tant mieux… Certains ont dit que je ne n'accepterais jamais de parler à une psychologue ou une psychiatre, je ne sais pas ce que vous êtes exactement… Psychologue ? Très bien. Moi, ça ne me gêne pas du tout… Même psychiatre. Je n'ai jamais eu peur de la vérité. En plus, j'ai une excellente mémoire.

***

– Alors ? lui demande sa mère.

– Alors c'est grand ! répond Valentin. Mais ça me plaît ! Et puis je me suis fait des copains. Surtout un. Il s'appelle Bastien. Il me dépasse d'une tête. Dans un an, je l'aurai rattrapé, mais il aura grandi, lui aussi, alors peut-être que je ne le dépasserai jamais !

Il rit de ce rire des épaules qui attendrit sa mère.

En goûtant, Valentin parle encore de Bastien. Ils vont bien s'entendre, c'est sûr, tous les deux. Bastien est un garçon comme il les apprécie, qui parle d'égal à égal avec les professeurs, mais sans provocation. S'il se présente à l'élection des délégués, Valentin votera pour lui. L'idéal serait de se présenter avec lui et qu'ils soient élus tous les deux. Mais c'est impossible.

Sa mère lève un sourcil :

– Tiens donc ! Et pourquoi ?

– Il faut un garçon et une fille, la prof principale nous l'a bien recommandé, même si ce n'est pas obligé !

Valentin enfourne le bout de sa tartine beurrée trempée de chocolat chaud.

– Justement, les filles ? lui demande sa mère. Tu ne m'en parles pas. Tu sais pour laquelle tu vas voter ?

Il avale deux énormes bouchées coup sur coup.

– Hé ! Mâche tes aliments, on te l'a dit cent fois !

Mais Valentin a hâte de répondre :

– Les filles, je ne les ai pas trop repérées, pour l'instant. Demain, je ferai attention à elles. Sauf une, Alice, qui est la plus jolie. Mais je crois qu'elle s'intéresse à Bastien. En tout cas, elle lui a lancé le regard qui tue. C'est ce qu'a dit Karim, le copain à Bastien. Ils rient tout le temps, ces deux-là.

– Toi aussi, tu ris tout le temps !

– C'est vrai. C'est pour ça que je vais bien m'entendre avec eux. Avec Bastien, surtout. Karim, c'est pas pareil. Je ne suis pas sûr qu'il ait envie d'être mon ami. Bastien, lui, c'est différent.

Chapitre 2
Le jour de Sleepy

ENTRETIENS AVEC BASTIEN LANGE (EXTRAIT)

Au début de l'année, Boubard passait pas mal de temps avec nous, il nous « collait ». Je ne sais pas ce qu'il espérait exactement, ce qu'il s'imaginait. Karim et moi, on ne l'encourageait pas, mais on ne le décourageait pas non plus, on ne se « fritait » pas avec lui comme cela pouvait nous arriver avec d'autres. Sûrement parce que Boubard avait un côté assez fascinant, imprévisible. Avec lui, notre curiosité était maintenue en éveil. On se demandait toujours ce qui allait se passer, et on n'était jamais déçu ! Il y avait toujours un truc pas ordinaire qu'il disait ou qu'il faisait. Franchement, personne d'autre n'aurait dit ou fait un tel truc dans les mêmes circonstances. Et c'était drôle ! Il nous faisait rire et il riait avec nous. Parce qu'il se croyait marrant. Mais nous on ne riait pas *avec* lui, on riait *de* lui. Ce n'est pas pareil.

Un regard nous suffisait, à Karim et moi, pour nous comprendre. Et le regard de l'un disait à l'autre qu'on avait une chance extraordinaire de disposer de Boubard. Du coup, on allait veiller sur sa personne, le protéger comme le dernier spécimen vivant d'une espèce en voie de disparition. À vrai dire, on ne savait même pas s'il existait d'autres spécimens de cette espèce, on n'en avait jamais croisé ! Boubard était l'Unique, aussi précieux que l'anneau de Gollum dans le film de Peter Jackson… Oui, je sais, il y avait le livre avant le film, mais je ne l'ai pas lu… Je peux même le dire aujourd'hui : Boubard reste l'individu le plus singulier que j'aie jamais croisé.

Son père était musicien de studio. C'est ce qu'il avait écrit sur ses fiches. Une fille de son quartier nous a expliqué que son père était le genre vieux jeune, souvent dans un costume en jean, avec des bottes de cow-boy. Il avait joué du piano ou de la guitare, paraît-il, dans un C.D. ou deux de Cabrel.

À un de nos premiers cours d'anglais, j'ai voulu savoir :

– C'est vrai que ton père a joué avec Patrick Cabrel ?

– *Francis* Cabrel, a corrigé Boubard sans s'apercevoir que je me fichais de lui. En fait, il n'a pas joué directement avec, mais il a fait un stage de chansons à Astaffort…

Le simple nom d'un chanteur ringard ouvrait les vannes, libérant chez mon voisin de table un flot de paroles qui menaçait de m'engloutir. Je n'ai pas tout écouté. On n'écoutait jamais tout, avec Boubard.

– … À la maison, c'est plutôt le blues qu'on aime. Tu aimes le blues, toi ? Moi j'adore le blues…

Boubard prenait à peine le temps de respirer entre les phrases, il voulait tout dire d'un coup et répétait « le blues » à tout bout de champ. « Excité comme une puce », aurait dit Karim.

Autour de nous, la classe ne s'était pas encore installée dans le silence et le débit rapide de Boubard nourrissait le brouhaha :

– … En ce moment, mon préféré, c'est Sleepy John quelque chose, un chanteur aveugle…

J'ai tiqué :

– Attends, tu as bien dit « slip », là ?!

– Nan, ça n'a rien à voir ! a-t-il protesté avec une mimique presque douloureuse. Je vais te l'écrire.

Il a retourné aussitôt sa feuille pour y inscrire le nom du chanteur : Sleepy John machin. (J'ai oublié le nom.) « Sleepy » en majuscules et souligné trois fois.

– C'est son surnom. Ça veut dire « endormi ». C'est un vieux bluesman aveugle. Mon père dit que c'est un des meilleurs. Sauf qu'il est mort maintenant, je veux dire le chanteur, pas mon père, alors il vaudrait mieux dire « était un des meilleurs ». Et puis vieux, ça ne veut rien dire, il a été jeune aussi, comme toi et moi… Mais heureusement, on y voit bien, nous…

Boubard s'est secoué des épaules avant de rouvrir la bouche, cette fois pour constater :

– Je ne sais plus ce que je voulais dire !

– C'est bon. Tu en as déjà dit trop.

Ce dernier échange a résonné dans la classe devenue calme et Biolle s'est adressée à nous :

– Tous les deux, là-bas, travaillez en silence.

Elle avait programmé une sorte de contrôle, une évaluation de début d'année.

– Madame, ai-je lancé d'une voix claire, c'est juste que Boubard me parlait en anglais…

Un murmure amusé a parcouru la classe. Sophie Biolle a choisi de sourire, elle aussi.

– En anglais, tiens donc ! C'est très intéressant. Est-ce vrai, Valentin Boubard ? Serais-tu bilingue ? *What school do you come from ?*

– C'est-à-dire… a-t-il bafouillé. C'est juste un nom, je disais juste un nom… à… à…

– Je m'appelle Bastien, ai-je complété, provoquant un éclat de rire chez la plupart des élèves.

– Je sais bien ! m'a reproché mon voisin d'un ton vif qui n'a fait qu'aviver les rires et ajouter à sa confusion.

Impassible, les coudes posés sur la table et tenant mon stylo devant moi par les deux bouts, je ne quittais pas la prof des yeux. Elle, ne lâchait pas Boubard.

– Eh bien, si tu nous disais ce mot d'anglais que nous attendons tous, à condition qu'il soit correct, bien sûr. Est-il correct au moins ? Je veux dire : décent. Ton mot n'a rien de choquant, d'injurieux ou d'insultant, rassure-moi…

– Oh non, madame ! a certifié Boubard. C'est… En fait, c'est juste le surnom d'un chanteur de blues…

– Chanteur de blues, l'autre ! a raillé Karim au fond de la classe.

– Et c'est… ? a demandé la prof.

– « *Sleepy* »…

Déchaînement général, rires en cascades, quelques pieds frappant le sol en cadence rapide et le faisant trembler… Je me contentais, moi, de rouler tranquillement mon stylo entre mes doigts.

– Silence ! a hurlé Biolle avant de demander très calmement à mon voisin : Viens nous l'écrire.

Boubard s'est levé à contrecœur et s'est dirigé vers le tableau, la tête enfoncée dans les épaules, comme si l'un de ses rires s'était bloqué en position basse.

La prof lui a tendu un marqueur et Boubard a inscrit : « SLEEPY » au tableau. Quelques rires ont encore fusé, à cause du mot, bien sûr, et aussi parce qu'il ne l'avait pas écrit droit.

– C'est correct, a dit la prof. Tu peux retourner t'asseoir.

Et tandis que Boubard regagnait sa place, elle a expliqué que le mot dérivait de « *sleep* », qui signifie « sommeil ». Elle l'a prononcé plusieurs fois en étirant exagérément la voyelle, ramenant un calme absolu dans la classe. Elle a conclu en disant que le chanteur en question devait aimer dormir et qu'elle espérait que ce ne serait pas le cas de Boubard tout au long de l'année.

À la fin de l'heure, Biolle a ramassé nos feuilles d'évaluation en bout de rang. J'avais disposé celle de Boubard à l'envers sur la mienne et on pouvait lire le nom du chanteur inscrit au verso, avec « SLEEPY » souligné trois fois. On a échangé un bref sourire, Biolle et moi. Une fois la prof éloignée, j'ai murmuré à mon voisin :

– Elle t'a dans le nez, c'est clair. Elle va te saquer pour ton évaluation.

Il n'a rien répondu et j'ai senti combien ça l'inquiétait.

Chapitre 3

Le jour de l'anniversaire

Valentin porte un de ses jeans habituels mais il a enfilé un veston noir sur une chemise blanche, ornée d'une fine cravate rouge de son père.

Il attend, récapitulant mentalement le déroulement de l'après-midi. Dans la salle à manger, sur la belle nappe de tissu jaune paille que sa mère utilise chaque Noël, il a disposé lui-même les assiettes et les verres. Il a plié en accordéon les serviettes en papier qu'il a choisies rouges, comme sa cravate. Il a disposé des confettis en les jetant par petites poignées au hasard. Il en est tombé quelques-uns dans les assiettes. Heureusement, il avait pensé à retourner les verres.

Il a aussi disposé des guirlandes et des ballons

au mur et écrit des « Bienvenue » fluo aux lettres artistement arrondies.

Alice Pregoszian arrive la première. Pour une fois, elle n'est pas accompagnée de ses inséparables copines Béatrice et Marion, et Valentin, lui ouvrant la porte, s'en trouve tout désorienté.

– Je ne te l'ai pas encore dit, mais j'ai voté pour toi, lui lance-t-il en guise de bonjour. Et pour Bastien aussi. Vous vous ressemblez, tous les deux.

Alice est la fille qu'il préfère dans la classe. Elle l'impressionne par sa beauté, son franc-parler et son autorité naturelle.

– Je ne saisis pas où tu veux en venir, réplique-t-elle.

– Nulle part ! répond-il précipitamment. C'est juste que je suis heureux de te voir. Bastien a appelé, il a dit que finalement il ne viendra pas. Je suis déçu. Mais Karim a dit qu'il viendra. Et Marion, mais pas Béatrice. On ne va pas être tellement.

– Je sais. C'est normal. À mon premier anniversaire, je veux dire la première fois où je l'ai fêté avec ceux de ma classe, personne n'est venu.

– Personne personne ?

– Si, quand même un petit peu : trois ou quatre.

– Comme moi. C'est déjà pas mal.

Après un court silence, Alice tire de son petit sac à dos un cadeau qu'elle tend à Valentin. Il s'en empare.

– Je l'ouvrirai tout à l'heure, au moment du gâteau.

Il a deviné à l'épaisseur et au format qu'il s'agit d'un livre. Il ne le dit pas à Alice, mais il a très peur d'être déçu, aussi ne veut-il pas ouvrir le paquet devant elle.

La mère de Valentin les surprend sur le pas de la porte.

– Valentin, fais entrer ton amie ! Ne la laisse pas dehors ! Tu manques à tous tes devoirs. As-tu trouvé facilement, Alice ? Tu es bien Alice ? Val m'avait parlé de tes jolis yeux verts…

– C'est bon, M'man, coupe Valentin.

Ils entrent. Alice explique que c'est la première fois qu'elle vient dans ce quartier mais qu'avec les ballons de couleur elle ne risquait pas de se tromper de maison.

– Tu es venue toute seule ?

– Oui, mes parents ne pouvaient pas m'accompagner. On a regardé sur Mappy et on a vu que c'était tout près, en fait.

– Je te raccompagnerai, tout à l'heure, dit la mère de Valentin.

– Oh, c'est inutile. Je connais le chemin !

– Je préfère, insiste Mme Boubard. Cela me rassurera.

Valentin danse d'un pied sur l'autre, depuis un moment. Il s'est débarrassé du cadeau d'Alice en le posant sur un meuble, dans l'entrée.

– Maman, laisse-nous, s'écrie-t-il sur un ton plaintif. Je vais lui faire visiter la maison.

La première pièce qu'il tient à montrer à Alice est, au sous-sol, le studio aménagé par son père.

– J'ai le droit d'y aller, mais je ne dois pas toucher aux appareils.

Il laisse tout de même à Alice le temps de regarder les guitares suspendues au mur, les différents claviers, les micros sur pied, la console de mixage, les gros baffles, les étagères remplies de C.D. avec, tout en bas, une quantité impressionnante de vieux 33-tours en vinyle…

Karim est arrivé entre-temps. Il brandit un paquet plus grand et plus plat que celui d'Alice. Il le tend à Valentin en disant :

– Tu as plein de cadeaux, toi. C'est pô juste…

Valentin devine qu'il s'agit d'un album de *Titeuf*. Il n'aime pas trop *Titeuf*, il prend le paquet et dit comme à Alice :

– Je l'ouvrirai au moment du gâteau.

À l'oreille d'Alice, Karim rigole : « Musicien de studio… » avant de se précipiter derrière un clavier qu'il se met à frapper en chantant :

– J'ai le bluuues de l'anniversaiiiiiiire !

Le clavier n'est pas branché et ne produit que le son mécanique des touches martelées mais la chanson improvisée de Karim amuse beaucoup Alice.

– Le bluuues de Valentin Boubaiiiiiiire…

Valentin trouve que Karim frappe trop fort. De plus en plus fort.

– Arrête ! s'écrie-t-il soudain.

Karim ne veut pas arrêter, alors Valentin lui saisit un poignet. Karim grimace, mimant une douleur atroce et abandonne le clavier sans plus insister.

– Bon. Et qu'est-ce qu'on fait maintenant ? demande-t-il.

– On va goûter, lui répond Valentin d'un air buté. Mon père n'aime pas qu'on touche aux instruments.

– Mon ami, quelle force ! raille Karim se massant le poignet. Hercule en personne !

Valentin surprend le sourire malicieux d'Alice. Il en a assez, d'un coup, de cet anniversaire qu'il a pourtant minutieusement préparé. Déjà, rien ne se déroule comme il l'espérait. Bastien ne viendra pas et ni Alice ni Karim ne se sont habillés d'une façon particulière, comme lui.

Sur le pas de la porte, Valentin incite d'un geste de maître de cérémonie les deux autres à quitter le studio.

– On-va-goû-ter, leur répète-t-il avec insistance en séparant bien les syllabes pour mieux imposer sa décision.

Alice et Karim n'ont pas envie de remonter. Ils prennent le temps de contempler les guitares. Il y en a de très belles. Valentin se sent inutile, la main accrochée à la poignée de la porte, quand sa mère les rejoint, en compagnie de Marion.

– Eh bien, je crois que tout le monde est là, dit-elle, nous pourrons bientôt servir le goûter.

Ce « goûter » fait écho à celui de Valentin, donnant l'impression qu'on ne pense qu'à manger, dans cette maison, et Alice et Karim échangent de nouveau un sourire de connivence.

Marion ne semble pas très à l'aise.

– Tu ne m'as pas apporté de cadeau ? lui demande Valentin.

– Non, mais Valentin ! s'indigne sa mère. Tu n'as pas à demander ça !... Le cadeau de Marion est déjà sur la table de la salle à manger.

Elle sourit exagérément à Marion pour effacer le mauvais effet de la réflexion de son fils.

– C'est rien, dit Marion, c'est des Daims qu'on a ramenés d'Ikea.

– Des quoi ? demande Karim.

– Des Daims, c'est juste des bonbons au chocolat et au caramel. J'avais pas tellement d'autre idée.

– Moi, j'ai offert un livre, dit Alice.

– Moi, une B.D., lance Karim.

– C'est aussi un livre, fait observer Valentin.

Le cadeau de Karim n'a pas bougé du siège où il l'a déposé et personne ne s'en soucie réellement.

Valentin se dandine toujours, ne lâchant pas la poignée de la porte. Sa mère lui lance une œillade désapprobatrice.

Marion s'est approchée d'Alice et de Karim pour leur dire bonjour. Elle aussi prend le temps de contempler les guitares.

– N'est-ce pas, qu'elles sont belles... fait observer Laurence Boubard.

– Votre mari les collectionne ? demande Karim.

– On peut dire ça. Disons que Franckie ne résiste jamais au plaisir de s'en acheter une nouvelle, et comme il est très sentimental, il a du mal à se débarrasser des anciennes…

– On ne jette pas un instrument de musique, intervient Valentin. C'est un crime.

– Qui te parle de jeter ? On peut aussi les revendre ou les donner.

– J'aime bien votre maison, déclare Alice quand, au grand soulagement de Valentin, ils remontent à l'étage et se dirigent enfin vers la salle à manger, à travers un dédale de pièces encombrées de meubles anciens, de bibelots, de livres jusqu'au plafond, de tapis…

– Oui, lui répond Laurence Boubard, c'est un peu le bazar. On se trouve bien ainsi.

– Pas ma chambre, se récrie Valentin. Ma chambre est toujours nickel-rangée-chrome.

– Eh bien, fais-la visiter à tes amis, le temps que je fasse réchauffer le chocolat.

La chambre de Valentin est spacieuse. Lui aussi dispose d'une collection de vieux disques en vinyle.

– Mon père les avait en double, alors il me les a donnés. Il en achète aussi quelquefois rien que pour moi.

Il possède une chaîne stéréo des années

soixante-dix, avec deux gros baffles, un ampli et une énorme platine tourne-disque munie d'un bras à contrepoids qui attire l'attention de Karim.

– N'y touche pas, s'il te plaît ! le conjure Valentin.

– Okay, okay, répond Karim en se massant le poignet. Je n'ai pas envie que tu me recasses le bras… Hé !…

– Hé quoi ? interroge Valentin.

– Si tu nous le faisais écouter…

– Écouter quoi ?

– Ben, ton chanteur aveugle qui dort en slip…

– C'est malin, proteste Valentin secrètement heureux de faire enfin écouter Sleepy John Estes à ses amis.

Il l'avait prévu, et le disque se trouve déjà sur la platine. Aux premiers craquements, Marion et Alice haussent les sourcils et se retiennent d'éclater de rire. Karim adopte, lui, un air exagérément sérieux et attentif.

Valentin leur fait remarquer la voix éraillée du chanteur, due à l'abus d'alcool et de tabac.

– Il faut avoir vécu pour chanter le blues, conclut-il.

– Dis donc, c'est qui ce mousquetaire avec un pif énorme ? demande Karim, après un bâillement, s'intéressant tout à coup à un poster au-dessus du lit.

– C'est pas un mousquetaire. C'est Cyrano.

– Ah oui, acquiesce Karim. J'ai vu le film, mais je ne reconnais pas l'acteur.

– C'est pas un acteur, c'est le vrai Cyrano…

Sa mère les appelle de la salle à manger :

– Le chocolat est prêt !

Alice, Karim et Marion se précipitent.

– Hé ! proteste Valentin. Attendez au moins la fin de la chanson… Moi, je l'attends, ajoute-t-il buté.

En remontant après les autres, il récupère le cadeau d'Alice sur le meuble de l'entrée et en défait avec espoir un coin d'emballage. Mais non, il ne s'était malheureusement pas trompé : c'est bien *La Coupe de feu,* le livre dont son père lui a déjà adressé un exemplaire hier pour son anniversaire. Valentin ressent de la tristesse en refermant du mieux possible le paquet qu'il repose sur le meuble. Il respire un grand coup avant de rejoindre les autres.

Chapitre 4

Le jour de pêche

La Vionne coule le long du quartier de Béchaut, bordant le lotissement. Un chemin s'est tracé peu à peu menant à la rivière légèrement plus large à cet endroit où elle amorce une courbe.

La rive est aménagée, on y trouve même quelques bancs et deux tables de pique-nique. Il n'est pas rare de voir là cinq ou six pêcheurs, parfois davantage. Ce samedi, Valentin et son père sont seuls. Il est encore tôt. Ils se sont levés de bonne heure.

– En fait, dit Franck à son fils tandis qu'ils s'installent et déploient leur matériel, ce n'est pas pêcher que je préfère. C'est être là à ne rien faire !

– Tu ne fais pas rien, lui rétorque Valentin ravi d'avoir retrouvé son père. Tu fais : être avec moi.

Franck sourit :

– Tu as raison, et ce n'est pas un mince travail !

Il est rentré dans la nuit, Valentin dormait. Ils s'étaient parlé le soir au téléphone et avaient convenu de déclencher le réveil à 7 heures.

– Je sais que je suis bavard, reconnaît Valentin. Je tiens ça de toi !

– « Un vrai moulin à paroles », disait ma grand-mère…

– Et que tu ferais avocat, complète Valentin, qui connaît la légende familiale maintes fois répétée. Mais tu as choisi la musique.

– Erreur ! s'écrie Franck brandissant un index faussement sentencieux. C'est…

–… la musique qui t'a choisi, complète Valentin.

– Allez, propose son père, on va jouer au roi du silence, le premier qui parle préparera les sandwiches.

– J'ai perdu, s'écrie aussitôt Valentin en se précipitant sur le panier de pique-nique.

– Ah non ! proteste Franck. C'est de la triche !

– C'est que j'ai le dictionnaire à te raconter, papa !… Et j'ai faim !

– Tu plaisantes ? Laisse ces tranches de jambon, on vient tout juste de petit-déjeuner !

Alors, cette journée d'anniversaire ? Je t'écoute, je suis tout ouïe, comme disent nos amis les poissons...

Mais ce n'est pas de son anniversaire que Valentin a envie de parler, il remonte à une quinzaine de jours, il l'a raconté au téléphone et Franck s'est déjà réjoui que tout se soit bien passé : « C'est important les copains dans la vie. »

Son père, qui s'est absenté trois semaines pour une tournée avec son groupe suivie d'une session d'enregistrement, profite du silence de Valentin pour lui glisser :

– Notre maquette est superbe.

– Je sais, maman me l'a dit.

– Elle m'a dit qu'elle te l'avait dit, indique Franck pince-sans-rire.

– Oui, ça aussi elle me l'a dit, poursuit Valentin entrant dans le jeu de son père.

– Ah ? À moi elle ne l'a pas dit !

Ils rigolent tous les deux. En silence. Son rire des épaules, Valentin le tient de son père.

Ils continuent à bavarder et à plaisanter ainsi un moment, tout en montant leurs lignes. Il ne fait pas chaud en ce matin d'octobre et les doigts sont gourds. Franck dispose ses deux cannes sur leur support après avoir envoyé les bouchons dans l'eau. Puis il déplie son fauteuil de pêche.

Valentin, lui, préfère rester debout, tenant sa Garbolino télescopique en nappe de carbone dont il se délecte souvent à répéter le nom complet.

– Alors ? s'impatiente son père. Je croyais que tu avais le dictionnaire à me raconter !

– J'ai changé d'avis.

En réalité, le dictionnaire, c'était façon de parler. C'est l'histoire avec Fatima que Valentin brûle de dire. Il ne cesse d'y penser. Quand son père l'a appelé hier soir et qu'ils ont décidé d'aller à la pêche, il n'a rien annoncé mais il a pensé très fort : « Je lui raconterai l'histoire avec Fatima. »

Maintenant, il hésite. C'est une histoire banale. Il ne faudrait pas y attacher trop d'importance. Il s'est passé si peu de choses, en réalité. Trois fois rien.

– Alors ? insiste Franck.

– Alors voilà, commence Valentin. Hier, en revenant du collège, comme d'habitude, j'ai heurté la sœur de Karim…

– Karim ?

– Oui, un copain de classe. Tu sais bien. Je t'ai déjà parlé de lui… Il était à mon anniversaire.

– Ah oui, le pianiste !… Heurté comment ?

– À vélo. Je l'ai renversée.

– Tu lui as fait du mal ? Elle est blessée ?

– Nan, nan ! s'empresse de répondre Valentin. Elle n'a rien eu !

Fatima marchait avec ses copines et elle est brusquement descendue du trottoir. De son côté, Valentin a dû se serrer au passage d'une voiture et c'est pourquoi la poignée droite de son guidon a accroché le sac de Fatima au point de faire chuter la fillette.

– Je n'allais pas vite. Je suis tombé moi aussi, mais en douceur, sans rien me faire. Je me suis relevé en aidant la sœur de Karim à se relever aussi et tout de suite elle a rigolé. J'ai compris qu'elle n'avait rien non plus.

Silence.

– Et… c'est tout ? demande Franck.

– C'est tout, répond Valentin.

Son père est perplexe.

– Je la trouve bizarre, ton histoire… Tu me la racontes comme un drame, alors qu'elle ressemble à une comédie. Tu vois ce que je veux dire ?

Valentin acquiesce. Il voit très bien.

Pour ne pas mettre trop de pression sur Valentin, Franck cesse de le regarder et, sans nécessité, rajuste ses cannes sur le support.

– Tu es sûr de m'avoir tout raconté ? demande-t-il, les yeux toujours attentifs à sa pêche.

Tu n'as pas oublié un élément important ? Je ne sais pas, moi… ce Karim, le frangin de Fatima, il ne t'a pas menacé ou quelque chose ?

– Mais nan, pas du tout ! Pourquoi tu dis ça ? Je ne l'ai pas revu, de toute façon, puisque ça s'est passé hier soir.

– Alors qu'est-ce qui t'inquiète ?

Cette fois Franck regarde son fils droit dans les yeux.

Valentin ne sait pas quoi lui répondre. À sa façon, il partage la perplexité de son père : rien de dramatique dans tout cela, un accident banal, à peine un accident, un incident plutôt. Non, rien ne l'inquiète. Pratiquement rien, si ce n'est une petite chose qui ne fait même pas partie de l'histoire : Bastien est passé en voiture avec sa mère juste au moment où Valentin aidait Fatima à se relever. Et Bastien a observé la scène avec un sourire narquois. C'est ce sourire que Valentin voudrait « raconter » à son père, mais il ne s'y résout pas. Comment raconter un sourire ? Et puis il a tellement chanté les louanges de Bastien et de Karim à la maison qu'il aurait l'impression de trahir ses copains…

D'un geste du bras, il balaie le souvenir de l'incident.

– Rien ne m'inquiète, conclut-il.

Un moment plus tard, son père se met à lui parler d'un livre qu'il vient de lire.

– Je vais te dire la fin. Je l'ai apprise par cœur.

Souvent le soir, le père lit au fils un conte ou bien, par épisodes, un roman emprunté dans le secteur « jeunesse » de la médiathèque municipale. Il lui arrive aussi de donner lecture à Valentin d'un passage ou d'un chapitre court d'un livre plus « adulte », quand il le trouve à sa portée.

C'est la première fois qu'il propose de dire un texte appris par cœur. Valentin se réjouit de l'entendre. Il cale sa canne à pêche avec un gros caillou et s'assoit dans l'herbe, auprès de son père assis, lui, sur son tabouret pliant. Franck se concentre puis se lance, après s'être raclé la gorge :

– *« Dans ce temps-là, les gens se préparaient eux-mêmes l'imagination, comme on fait sa cuisine soi-même. Maintenant, nos rêves ne ressemblent plus guère qu'à n'importe quelle rue d'Amérique, bordée des deux côtés de restaurants à succursales… »*

Il s'interrompt pour préciser :

– Des restaurants de chaîne, si tu veux, genre McDo… *« Je me dis parfois que même notre digestion n'est qu'une bande sonore que nos chaînes de télévision font enregistrer à Hollywood. Bref, toujours est-il que je me rapetissais de plus en plus au bord de l'étang, que l'on me remarquait de moins en moins au milieu de l'herbe d'été qui s'assombrissait et, pour finir, je disparus, me fondis dans les trente-deux années qui ont passé depuis et m'ont abandonné ici, maintenant.* » Ah, oui ! Il faut encore que je t'explique : cette histoire est racontée par un homme qui se souvient d'un drame de son enfance. Une histoire terrible : il a tué par accident un de ses copains d'un coup de fusil alors qu'ils chassaient tous les deux ! Mais le passage que j'ai appris par cœur ne raconte pas ça, rassure-toi.

Franck pousse un soupir, un peu confus de s'être lancé dans quelque chose de trop complexe.

– Je dois encore te préciser qu'on croise des personnages incroyables dans ce livre : un vieil homme ami de l'enfant et aussi un couple d'obèses, figure-toi, qui viennent chaque année pêcher au bord d'un étang où ils s'installent comme à la maison avec canapé, lampadaires et fauteuils profonds !

Il laisse à Valentin le temps de se représenter ce couple et sourit au souvenir de ce roman qu'il aime tant et que Valentin a maintenant très envie de lire, même si cette histoire de copain tué d'un coup de fusil lui fait un peu peur.

– Et voici enfin les toutes dernières lignes, magnifiques : « *Étant donné qu'ils ne parlaient jamais* »... « Ils », ce sont les deux obèses pêcheurs, l'homme et la femme... « *Étant donné qu'ils ne parlaient jamais pendant qu'ils étaient en train de dîner, je suppose qu'après avoir terminé leur repas ils durent dire une ou deux choses de ma disparition.*

« – *Et le gosse, Maman, où il est passé ?*

« – *Je ne sais pas, Papa.*

« *Puis ils montèrent leur ligne, se servirent du café et se laissèrent aller sur le canapé, leurs lignes trempant maintenant dans l'eau, leur salon illuminé par des lampadaires électriques convertis au pétrole.*

« – *Je le vois nulle part.*

« – *Il doit être parti.*

« – *Il est peut-être rentré chez lui.* »

Un vieux pêcheur du quartier, qu'ils connaissent de vue, s'est approché pour les saluer d'un hochement de tête. Valentin lui a fait le signe « chut ! » en ouvrant de grands yeux brillants, espérant ainsi convertir le vieux et l'amener à partager cette écoute, mais le pêcheur s'est éloigné assez vite et dispose ses cannes à bonne distance du père et du fils.

Chapitre 5

Le jour du garage à vélos

ENTRETIENS AVEC BASTIEN LANGE (EXTRAIT)

L'histoire avec Fatima ? Pas de souci, je peux vous en parler…

On passait en voiture et ma mère m'a indiqué d'un coup de menton Boubard qui se relevait au bord de la route avec Fatima.

– C'est pas ton copain ? m'a-t-elle demandé.

J'avais reconnu Boubard avant elle.

Il venait à l'évidence de dégringoler de vélo, entraînant la sœur de Karim dans sa chute. Il se relevait pitoyablement et aidait Fatima à se remettre debout. Elle n'avait pas mal, ça la faisait plutôt rigoler que son cartable reste obstinément accroché à la poignée de frein.

Je n'avais pas le temps d'ouvrir la vitre, j'ai frappé au carreau. Boubard a regardé dans ma direction. En me voyant, il a pris l'air d'un type au bord du suicide, comme si, au volant d'un 4 X 4, il venait de traîner la fille sur deux cents mètres !

Une fois chez moi, j'ai appelé Karim :

– Fatima t'a raconté ? j'ai rigolé. Boubard a lancé une attaque sur elle, une frappe chirurgicale !

– Ça va, elle n'a rien. Juste la bretelle de son cartable. Comment tu es au courant ?

– Je passais par là.

Boubard nous soûlait depuis le début de l'année avec sa fausse gentillesse, et cette façon à la fois de nous coller et de nous faire son numéro sans jamais rien nous donner en retour. Je vous en ai déjà parlé… J'ai eu envie de lui donner une petite leçon, de le remettre à sa place.

J'ai fait part de mon plan à Karim. Il l'a approuvé, tout en me mettant en garde : il ne voulait pas qu'on aille trop loin. Je l'ai rassuré :

– Sois tranquille. Tu me connais : je sais toujours jusqu'où je peux aller loin.

Durant le week-end, j'ai envoyé deux ou trois textos : à Alice, à Marion, à Lionel… Juste pour leur demander s'ils étaient au courant, genre : je n'arrivais pas à joindre Karim, en passant en voiture avec ma mère, j'avais vu un attroupement devant l'école primaire et j'avais eu l'impression que Boubard s'en était pris à une de ses frangines... alors si quelqu'un avait des infos...

J'ai récolté ainsi deux ou trois réponses dont une assez virulente d'Alice : si Valentin Boubard avait des comptes à régler avec Karim, il pouvait les régler directement, c'était lâche de s'en prendre à une gamine. J'ai tempéré : il ne l'avait pas non plus passée à tabac, j'avais eu Karim entre temps, et Boubard avait juste un peu bousculé Fatima...

Le lundi, on était un petit comité à l'attendre près du garage à vélos. Karim a attaqué le premier :

– Je peux avoir des explications, Boubard, savoir pourquoi tu t'en es pris à Fatima ?

Alice a répété ce qu'elle m'avait déjà écrit sur son texto à propos des comptes.

– Mais je n'ai aucun compte à régler avec Karim ! a protesté Boubard.

– Raison de plus ! a rugi Karim, et Boubard m'a lancé un regard de détresse.

– J'espère pour toi que tu n'es pas raciste, lui a dit Lionel.

Boubard a semblé encaisser, pourtant ses mains tremblaient tandis qu'il se retournait pour attacher son vélo. Puis il a fait face à Lionel et s'est avancé vers lui en protestant de toute sa force, mais à contretemps :

– NAN, MAIS ÇA VA PAS TA TÊTE !

Lionel a reculé, craignant de prendre un coup. Moi, à sa place, je n'aurais pas bougé.

– C'est bon, ai-je dit. Je passais en bagnole avec ma mère, je n'ai pas tout vu, mais je pense plutôt que c'était un accident. Boubard n'avait pas l'intention de faire du mal à Fatima. Il l'a juste serrée d'un peu près.

Alice s'est approchée de moi.

– Pourquoi tu le couvres ? a-t-elle demandé.

– Allez ! ai-je lancé à la fois pour répondre à Alice et calmer le jeu. Un simple et regrettable accident… N'est-ce pas, que tu regrettes ?

– Bien sûr que je regrette ! a clamé Boubard de sa voix suraiguë, son nez plus rose et luisant que jamais.

Il avait l'air de mentir et le doute s'est insinué en moi. Et s'il avait renversé Fatima volontairement ? Aujourd'hui encore, je vous assure que je ne suis plus sûr de rien… Il y a toujours eu chez Boubard pas mal d'hypocrisie, derrière ses airs assurés et ses faux sourires de sournois. Il ne faut pas toujours le voir comme une victime… Mais je me suis contenté de dire :

– C'est bon pour cette fois. Serrez-vous la main, tous les deux.

Là, il s'est passé une chose amusante : Boubard a tendu la sienne et Karim et Lionel ont tendu la leur en même temps !

J'ai rigolé :

– D'accord : tous les trois, si vous voulez. C'est encore mieux !

En classe, un petit malin a fait circuler un papier : « Sleepy = assassin » et d'autres petits malins l'ont suivi : « Vengeance pour Fatima ». Xavier a dessiné tout une planche de bédé, « Le vélo de la mort », avec des « Boum » des « Aaarrgh », des cris, du sang… On a bien rigolé, ce lundi-là. Je me rappelle avoir écrit « Assassin » avec des doubles « s » anguleux, à la façon des nazis. Des bêtises. Vous voyez, je ne me donne pas non plus le beau rôle, et je reconnais que j'en ai fait baver à Boubard, tout au long de l'année. Mais rien de vraiment méchant.

Chapitre 6
Le jour de la bousculade

Dans le couloir, Bastien bouscule Karim qui bouscule Marion qui bouscule Alice qui bouscule Valentin qui se retourne furieux. Sa colère ne tient pas quand il découvre Alice et comprend que c'est elle qui vient de lui donner cette bourrade, autant pour éviter de tomber que pour participer au jeu.

Valentin remballe sa fureur. Et tandis que les autres les dépassent en riant pour entrer en classe, il ne fait rien pour retenir ses larmes et défie Alice de ses yeux embués.

Elle ne se laisse pas attendrir.

– C'est dégoûtant, ce nez qui coule, lui dit-elle. Tu devrais te moucher.

Au garage à vélos, quand elle s'en était prise à lui au sujet de Fatima, cela l'avait attristé. Après coup, il avait réfléchi : en tant que déléguée, il était normal qu'elle enquête pour savoir s'il avait agressé la sœur de Karim et pourquoi. Valentin aurait seulement préféré qu'elle l'interroge directement au lieu de prêter l'oreille à cette rumeur.

Ensuite, Alice n'a pas trop participé à la sale propagande tout au long de l'horrible semaine où plus de la moitié des élèves se sont amusés à écrire des slogans vengeurs sur des bouts de papier. Ou à le poursuivre dans les couloirs en murmurant des « Sleepy salaud » ou des « Sleepy assassin », faisant siffler les « s ». Alice, au plus fort de cette agitation, avait même glissé à Valentin quelques paroles de réconfort :

– C'est juste un délire. Ça leur passera. Plus tu réagis et plus ça les excite. Ne prends pas toujours tout pour toi !

Il avait suivi son conseil.

Tous les autres viennent d'entrer en classe et Valentin est reconnaissant à Alice de l'attendre. Il fouille en vain dans ses poches, et elle finit par lui tendre un Kleenex qu'il s'empresse d'utiliser. Il sèche d'abord ses yeux avant de se moucher.

– Merci.

– C'est quoi, ton problème ? lui demande-t-elle.

Il ne s'attendait pas à cette question.

– Je vais t'expliquer… répond-il pris de court. À la récré, d'accord ?

Il ne comprend pas bien pourquoi elle lui demandé ça ni pourquoi il lui a répondu aussi vite et de cette façon… « Je vais t'expliquer… » Il n'y a rien à expliquer. C'est stupide d'avoir dit ça…

Jérôme Meignan, le professeur de français, apparaît alors dans l'encadrement de la porte. Il les engage à entrer, avec une politesse ironique :

– La classe est impatiente de vous accueillir, si vous voulez vous donner la peine…

Valentin va vite s'asseoir auprès de Bastien à qui il évite d'adresser la parole. Il sait bien que lui et Karim sont à l'origine de la bousculade dans le couloir. Ils appellent ça le « jeu des dominos ». Ce n'est pas la première fois que Valentin en fait les frais. C'est la première fois qu'Alice y participe. Mais ce n'est pas plus mal au fond. Cela leur a permis de se parler, elle et lui, même si Valentin n'est pas très satisfait de ce qu'ils se sont dit. Il va se rattraper à la récré, il en est sûr.

Le cours n'en finit pas de s'étirer, à l'image du retour d'Ulysse que leur distille Jérôme Meignan et qui ne réussit pas à distraire Valentin de la seule préoccupation qui vaille : Alice acceptera-t-elle de l'écouter ?

– Ta gomme ! demande Bastien en lui pinçant le gras du bras.

– Aïe-eu ! crie Valentin.

Jérôme Meignan explose :

– Encore toi, Valentin…

– Pourquoi « encore » ? ne peut-il s'empêcher de demander.

Une onde de plaisir gonfle la classe comme un soufflé. Mais le professeur de français prend sur lui et rétorque calmement à son élève :

– Tu es rentré en retard tout à l'heure. N'ai-je pas eu à t'en faire la remarque ?

Valentin reconnaît son erreur :

– Excusez-moi, M'sieur, j'avais oublié !

Le soufflé retombe et c'est à l'ensemble de la classe que s'adresse maintenant le professeur, avec une certaine délectation :

– Je compatis à votre déception, jeunes gens, mais croyez-moi : je sais encore reconnaître un étonnement sincère d'une insolence caractérisée, et je ne vais pas me fâcher pour si peu.

– Bien fait pour eux ! marmonne Valentin assez fort pour être entendu.

Jérôme Meignan lui jette alors sèchement :

– Quant à toi, ne me fais pas regretter d'avoir pris ta défense. Je ne veux plus t'entendre de l'heure !

Lorsque la sonnerie retentit enfin, Valentin se retient de sortir parmi les premiers. Il redoute un nouveau « jeu de dominos » qui l'atteindrait dans le dos et s'efforce de réunir tranquillement ses affaires puis de les ranger avec soin.

Dans la cour, Alice est avec Marion et deux ou trois autres filles. Il s'approche d'elles. Il hésite. L'apercevant, Alice se sépare de ses copines et vient vers lui. Valentin à la fois s'en réjouit et le redoute.

Alice lui sourit :

– Ça va mieux ?

– Pas mal, répond-il.

– Alors ?

– Alors quoi ?

Elle hoche la tête et fronce le front pour marquer son impatience, à la manière des héroïnes américaines des séries télévisées. Il sent qu'il ne doit plus la faire attendre, qu'Alice espère une révélation, comme s'il détenait un secret au fond de lui, quelque chose de terrible et qui expliquerait tout. Mais tout quoi ? Il ne peut pas la décevoir. Et puis, elle est trop belle.

– D'accord, je vais t'expliquer… (Les mêmes mots que tout à l'heure.) Je suis différent, improvise-t-il.

– On est tous différents.

– Moi, c'est pas pareil.

– Je comprends ce que tu veux dire, l'encourage-t-elle.

– Non, tu ne peux pas comprendre. Moi j'aime

vraiment la musique, pas pour me la péter comme Karim avec un casque sur les oreilles... Et j'aime aussi les livres, les histoires de pêcheurs au bord de l'eau dans des canapés avec des lampadaires... Tu as déjà lu des romans de Richard Brautigan ? Moi non plus, à part un, mais mon père nous en lit des passages, à ma mère et moi, et ça nous fait rire... On ne comprend pas tout ce que ça raconte, c'est spécial, mais c'est bien écrit. Et c'est ça qui compte, que ce soit bien écrit. Tu ne crois pas ? C'est ce que je dis toujours.

Il parle avec sûreté, sans bafouiller, avec pourtant la sensation de marcher sur des braises comme certains fakirs qu'il a vus dans un reportage à la télé. Il est trop tard pour revenir en arrière, rien ne serait pire que reculer, il lui faut traverser au plus vite cette étendue ardente s'il veut atteindre Alice sans trop se brûler.

– C'est comme le blues, vous me reprochez tous d'aimer ça, les autres, je veux dire ceux de la classe, toi je ne sais pas ce que tu en penses, tu ne me l'as jamais dit... Sans le blues, le R & B n'existerait même pas. Le blues, c'est énorme... Au fond, ils sont jaloux, ils m'envient, ils aimeraient bien en connaître autant que moi. Je suis incollable sur le blues...

Le nom de Sleepy John Estes lui est monté aux

lèvres, il a réussi in extremis à le retenir. Il en lâche un autre :

– Jimmy Yancey, tu connais ? Personne ne le connaît. J'arrive presque à jouer le *Yancey special*, enfin juste les basses, pom pom-pom-pom pom-pom… parce que la main droite est encore trop difficile pour moi. Il faut que je progresse, surtout au niveau de l'indépendance des mains. Tu as un piano chez toi ?

Elle fait signe que non et, profitant de l'intervalle où il reprend sa respiration, lui reproche :

– Voilà, c'est ça ton problème : tu parles trop. Et tu ne parles jamais des choses importantes. Tu soûles les gens avec tes histoires perso…

– Quelles « choses importantes » ? demande-t-il.

Elle le regarde comme un extraterrestre tellement la réponse lui semble évidente !

– Les choses importantes, c'est par exemple se faire des amis, leur parler simplement, être honnête avec eux.

– Mais… je ne suis pas malhonnête !

– Je n'ai pas dit ça… Tu es juste, juste… Écoute, ne le prends pas mal… T'es juste un peu…

– Un peu quoi ?

– Un peu con-con, voilà.

– Ah, c'est que ça ? répond-il.

Elle détourne un court instant la tête, sidérée.

– Je te traite de con-con et c'est tout l'effet que ça te fait ?

– Ça va, j'ai entendu. Con-con, ça vaut mieux que salaud, comme Bastien.

Une ombre passe sur le visage d'Alice.

– Pourquoi dis-tu ça ?

Valentin se raidit, il voudrait ravaler ces mots qui viennent de lui échapper. Il donnerait cher pour ne jamais les avoir prononcés.

– C'est un garçon bien, Bastien, poursuit Alice. Il a beaucoup de maturité.

– D'accord, oublie, je n'ai rien dit. Bastien est un type formidable, l'as des as de l'univers.

– Je n'ai pas dit ça.

– Et moi, je suis le roi des concombres.

– T'es vexé ?

– Non, ça me fait plaisir, dit-il sinistrement.

Elle lui sourit, cette fois, et il se réjouit de l'avoir fait sourire grâce à un trait d'humour. Il s'estime heureux. Il n'a pas si mal réussi l'épreuve des braises, même s'il s'y est brûlé : Alice s'est laissé atteindre.

Chapitre 7

Le jour du conseil de classe

De plus en plus souvent, Valentin prend peur de Bastien qui s'adresse à lui avec dureté. Pour lui demander un stylo, une gomme, un taille-crayon... Chaque fois, il garde l'objet en question et si Valentin le réclame, cela énerve Bastien qui finit par le rendre, mais le plus souvent en mauvais état :

– Tiens, le voilà ton crayon ! dit-il en appuyant sur la mine pour la casser.

Ou alors, il rend le taille-crayon sans la partie qui recueille les « épluchures ». Valentin n'insiste pas pour la récupérer, de peur qu'il ne l'abîme aussi.

Et Bastien détient depuis quelques semaines le beau stylo à encre de Valentin, un stylo à plume dorée que sa mamy Nathalie lui a offert. « Une pièce de musée ! » avait-elle rigolé. Valentin l'a prêté à Bastien au début de l'année. Il n'ose plus le lui réclamer. Il se dit : « Tant pis pour le stylo de musée, en plus il n'était pas très pratique et me faisait mal aux doigts. »

Bastien s'amuse beaucoup avec l'encre des cartouches qu'il projette sur les affaires de Valentin. Il ne le fait pas souvent et quand il le fait il ne rigole même pas. Il sort la cartouche, la serre entre le pouce et l'index et d'un geste tout à fait naturel il verse de l'encre sur la copie de Valentin ou sur sa manche, avant de replacer la cartouche dans son stylo comme si tout cela était parfaitement normal.

– Pourquoi tu fais ça ? lui a demandé Valentin la première fois.

– Ça quoi ? a répondu Bastien en copiant l'énoncé de l'exercice.

Valentin ne réagit plus trop aux brimades de Bastien depuis que quelques profs lui ont fait remarquer qu'on n'entendait que lui et qu'il bavardait décidément trop.

Au fond, Valentin sait bien que ce n'est pas la vraie raison, pas la seule en tout cas. S'il ne dénonce pas son voisin, c'est aussi parce que les profs adorent Bastien… Mais c'est surtout qu'il a peur de cette main que Bastien vient de temps en temps poser sur sa jambe pour la serrer juste au-dessus du genou.

La première fois que c'est arrivé, Valentin a fait un bond sur sa chaise. Et quand le professeur lui a demandé ce qu'il lui arrivait, il n'a pas pu dire quelque chose comme : « C'est Bastien qui m'a chatouillé » ou encore moins : « C'est Bastien qui m'a attrapé la cuisse », alors il s'est contenté d'un : « C'est Bastien… » et son voisin a pris son air innocent et indigné : « Moi ? Je n'ai rien fait ! » Le professeur les a réprimandés tous les deux.

À l'interclasse, Bastien était furieux :

– Recommence ça et je te tue !

– Et toi ! a répliqué Valentin. Recommence et tu verras.

Bastien n'a pas cherché à épiloguer, il a même paru se radoucir et Valentin s'est réjoui secrètement de lui avoir tenu tête. Mais dès le début de l'heure suivante, à peine assis, Bastien l'a pincé de la même façon, en serrant beaucoup plus fort. Valentin, cette fois, a retenu son cri. Le professeur n'aurait pas supporté de l'entendre.

Valentin s'assoit de profil maintenant, sur sa chaise, tournant presque le dos à Bastien.

– Toujours à faire ton original, constate Jérôme Meignan.

ENTRETIENS AVEC BASTIEN LANGE (EXTRAIT)

Boubard s'est mis à me faire la tête sans que je sache très bien pourquoi. Je n'étais pas de ceux qui lui en voulaient le plus. Il agaçait tout le monde et il m'arrivait même de prendre sa défense. Je ne veux pas dire qu'il avait tous les jours des ennuis, il pouvait rester tranquille et se laisser oublier pendant quelque temps. Mais les embêtements finissaient toujours par revenir. Boubard avait une sorte d'instinct exceptionnel pour se les attirer.

Au début, quelques filles ont réagi en le prenant en pitié. Il y a eu une période assez longue, je crois me rappeler, où Boubard était toujours entouré de Marion Lannes, Alice Pregoszian et leurs copines. Entouré n'est pas le bon mot, c'est plutôt lui qui leur tournait autour. Il les a amusées un temps, à faire son original, à les accabler d'informations musicales « énormes » (un de ses mots favoris), à leur refiler des enregistrements pourris de musiques de l'autre millénaire, à leur raconter des livres d'écrivains qu'il était le seul à connaître… Elles ont fini par en être soûlées. Par comprendre qu'une relation avec lui ne les mènerait nulle part. Une relation à sens unique…

Je l'ai toujours pensé, en fait : Boubard était une anguille – une grosse anguille au nez rose, d'accord… Je vois que vous souriez et que je ne vous choque pas en disant ça, tant mieux… Son truc de parler tout le temps, d'être omniprésent, de prendre la tête aux uns et aux autres, je n'en ai jamais été dupe : c'était sa stratégie, une façon de se planquer, de ne jamais dire ce qu'il pensait, de ne pas laisser voir qui il était vraiment : un mec bidon, sans personnalité… Mon père le dit toujours : on ne peut pas compter sur ce genre de types. À la première occasion, ils vous filent entre les doigts…

Les profs aussi se sont vite lassés de lui. En particulier Biolle, qui est sans doute celle qui avait manifesté la plus grande patience à l'égard de Boubard, celle qui s'était le plus longtemps laissé prendre à son petit jeu de la séduction. Elle a fini par craquer lors du premier conseil de classe. Alors qu'on abordait la fiche de Boubard, Biolle a brusquement pris la parole. Bien que nous soyons présents, Alice et moi, en tant que délégués, elle a déclaré avec une sorte de profonde lassitude :

– Ce garçon est soûlant !

Ça a scotché tout le monde et les regards se

sont tournés vers Letalandier, le principal de l'époque, qui a vivement répliqué :

– Merci de mesurer vos propos. Je vous rappelle que le conseil a pour but, avant tout, de valoriser les élèves !

Sa réprobation était évidente, mais il l'a aussitôt adoucie d'un sourire, tout en réajustant machinalement son nœud de cravate avant d'ajouter :

– Valentin m'a suggéré pas plus tard qu'hier de remplacer notre sonnerie stridente par de la musique... Savez-vous laquelle ?

Je n'ai pas pu m'empêcher de répondre :

– Un air de blues.

– Tu me l'as enlevé de la bouche, a dit Jérôme Meignan.

Toujours la même expression amusée sur les traits du principal.

– Vous n'y êtes pas du tout... Par des B.O. !

– Et lesquelles ? a demandé Frédéric Lebel, le prof de musique.

– J'en ai la liste très « ciné-club » sur mon bureau, Valentin a imprimé à mon intention un tableau Excel à double entrée : en lignes les titres des films dont il propose la B.O. et en colonnes les différentes propriétés, selon lui, de ces thèmes musicaux : romantisme, humour, discrétion, joie, solennité, angoisse et j'en oublie... Sa préférence va bien sûr à des motifs amusants comme celui des *Tontons flingueurs*, mais il n'est pas contre *Cyrano*, voire *Tubular bells*, le thème de *L'Exorciste*, ou *L'Empire contre-attaque*. Bien entendu, il me laisse, ainsi qu'à l'équipe pédagogique, la responsabilité d'en décider, a conclu le principal avec un sourire crépitant de sous-entendus.

– Trop aimable ! a raillé Lebel.

L'une des délégués des parents était Mme Lannes, la mère de Marion. Elle ressemblait beaucoup à sa fille : même silhouette élancée, même chevelure noire coiffée en queue de cheval, même expression pas très avenante. Elle a pris la parole :

– Valentin Boubard est peut-être amusant, mais il est capable du pire, comme au mois d'octobre, rappelez-vous, quand il a renversé la petite Fatima…

Je retrouvais chez elle le même ton aigre-doux que chez sa fille… J'ai levé la main et le principal a fait signe aux enseignants de se taire avant de réagir. Il tenait à m'entendre en premier :

– Excusez-moi, ai-je objecté à Mme Lannes, mais Boubard ne l'a pas fait exprès, c'était un accident.

C'est plus fort que moi, je ne supporte pas l'injustice.

La mère de Marion a adopté un air plus sceptique encore qu'à son habitude.

– Nous savons tous que vous êtes amis, Valentin et toi, a-t-elle relevé, mais les faits restent les faits.

– Nous ne sommes plus amis, ai-je répliqué. Cela fait un moment déjà.

Ils m'ont tous regardé, surpris, se demandant quel tour Valentin Boubard avait pu me jouer. Ils ont vite compris à mon air fermé que je n'en dirais pas davantage. Letalandier s'est alors tourné vers Alice :

– Un sentiment à exprimer, toi aussi, au sujet de Valentin, avant que nous passions à l'élève suivant ?

– Je ne suis pas sûre qu'il mérite les encouragements, a débité Alice moins confiante en elle que d'habitude. Je veux dire que, s'il faut choisir entre lui et Béatrice, bien sûr ses résultats sont meilleurs que ceux de Béa, Béatrice je veux dire, mais c'est plus facile pour Valentin, il a davantage de facilités alors que c'est Béatrice qui travaille le plus et mérite de…

– Nous t'entendons bien, Alice, l'a coupée Biolle avec son autorité de professeure principale, mais nous n'en sommes pas encore à examiner les mentions.

– Eh bien, passons à l'élève suivant, nous a pressés le principal, et tâchons de ne plus nous disperser. Et je vous rappelle que les propos tenus dans cette enceinte sont confidentiels !

Il regrettait manifestement d'en avoir trop dit sur Boubard…

Une demi-heure plus tard, quand on est sortis du conseil, j'ai informé Alice :

– Laisse-moi lui dire qu'il n'a pas les encouragements. Il s'attend tellement à les avoir.

– D'accord, mais moi j'en parle quand même à Béatrice. Je suis trop contente pour elle, et je ne veux pas la faire attendre.

Rentré chez moi, j'ai appelé Boubard. C'était la première fois que je lui téléphonais. Je suis tombé sur sa mère.

– Allô…

– Madame Boubard ? Bonjour. Je suis Bastien, un copain de Valentin…

J'ai toujours détesté ce prénom, mais avec sa mère je ne pouvais pas l'éviter.

– Ah, bonjour Bastien. Valentin va être très heureux de t'entendre. Je suppose que tu appelles pour une bonne nouvelle ?

J'ai compris qu'elle parlait des encouragements. Elle n'allait pas être déçue…

– Et toi ? a-t-elle demandé sans me laisser le temps de lui mettre les points sur les i. Tu as eu une mention ?

– Les félicitations, ai-je répondu.

– Bravo ! Je te… félicite ! Valentin nous a parlé souvent de toi, tu sais. Il t'admire beaucoup. Il dit que tu es le plus intelligent de la classe et que c'est un privilège d'être assis près de toi en cours.

Je suis bien obligé de vous le répéter… C'est exactement ce qu'elle m'a dit…

– Oh, un privilège… Il ne faut rien exagérer.

Je pensais à la cartouche d'encre noire que j'avais vidée deux jours plus tôt dans la trousse de son fils.

– Madame… Attendez avant de l'appeler… Ce n'est pas une bonne nouvelle… En fait, il a raté les encouragements. De pas grand-chose, mais enfin, les profs ont préféré les donner à Béatrice.

– Ah, oui. Valentin me parle parfois d'elle aussi. Il l'aime beaucoup. Il va être très content pour Béatrice, je suppose, mais un peu déçu pour lui, bien sûr.

Elle cachait mal sa propre déception.

– Et votre mari ? ai-je demandé. Il ne va pas trop s'en prendre à Valentin ?

– Mais non, voyons. Pourquoi dis-tu ça ?

– Non, pour rien. Moi, mon père est très sévère. Il est beaucoup en déplacement aussi. Il serait furieux si ça m'arrivait… S'il vous plaît, je n'ai pas trop le temps, là… Passez le message à votre fils… Il est encore un peu tôt mais je vous souhaite de bonnes fêtes de fin d'année. Au revoir, Madame…

– Au revoir, Bastien. Merci d'avoir appelé. Bon Noël à toi aussi !

VACANCES DE NOËL

Chapitre 8

Le jour de Harry Potter

« Au début de l'année, j'ai voulu être ton ami. Je pensais que tu voulais toi aussi que je sois ton ami, bien sûr pas comme un de tes amis d'avant, c'est normal que tu les préfères parce que vous avez partagé plein de trucs depuis l'école primaire.

« Depuis quelque temps, tu m'en veux et je ne comprends pas pourquoi. Je ne sais pas ce que j'ai pu dire ou faire de mal. Mais j'en ai assez. Je ne veux plus que tu me bouscules ni que tu abîmes mes affaires. Je sais que tu me prends pour un lâche et que tu en profites, mais ce n'est pas vrai et je me défendrai. JE RENDRAI COUP POUR COUP.

« Je sais ce que tu penses : que je suis jaloux parce qu'Alice t'aime ou parce que je n'ai pas eu les encouragements, mais ce n'est pas vrai non plus. Je sais aussi que tu as dit à ma mère que mon père était méchant avec moi, et elle a demandé pourquoi je t'avais raconté un mensonge pareil.

« Ce message, j'ai bien réfléchi avant de l'enregistrer. J'ai choisi cette solution parce que tu ne me laisserais pas te parler, tu m'interromprais tout le temps en te moquant de moi, en ne me prenant pas au sérieux, pour faire rigoler les autres.

« Tu vas peut-être faire pareil avec ce message, l'effacer sans même l'écouter. Tant pis, je n'ai pas le choix.

« Je ne te souhaite pas un bon Noël. »

ENTRETIENS AVEC BASTIEN LANGE (EXTRAIT)

J'ai ouvert son message le 26. Je m'en souviens parce qu'il me souhaitait « un pas bon Noël » et que j'ai pensé : « Trop tard, Boubard ! »

Ce MP3, je l'ai trouvé pathétique, tout à fait dans son style tordu. En le recevant, j'ai d'abord cru qu'il s'agissait d'un morceau de musique, surtout que l'objet du message était : « *Blues en vrai.* » Blues en vrai !...

Boubard avait dû passer un temps fou à l'enregistrer. Surtout à rédiger le texte, parce que c'était évident qu'il lisait son message, même s'il se donnait des airs de l'improviser. J'ai imaginé qu'il avait profité du matériel de son père.

Je n'étais pas allé à son anniversaire. Je n'avais pas pu au dernier moment, et ma mère avait appelé la sienne pour m'excuser. Et j'avais regretté d'avoir manqué ce moment quand Karim me l'avait raconté.

– Du pur Boubard, du cent pour cent !

J'avais bien compris ce qu'il voulait dire. Karim m'avait donné des détails, et je savais très bien comment Boubard avait assuré la visite du « studio en sous-sol » de son père, en petit maître des lieux, racontant l'histoire de chacune des guitares de la naissance à la mort !... Il avait mis une chemise blanche et une cravate... Je sais aussi qu'il avait amené Karim et les filles dans sa chambre pour leur faire écouter ses fameux blues, et que les autres avaient failli mourir d'ennui. Mais surtout, je peux vous dire que Boubard avait méprisé les cadeaux qu'ils lui avaient faits. Il n'avait même pas ouvert les paquets !

Je ne vous raconte pas ça pour me chercher des excuses. Je pense sincèrement que je suis allé un peu trop loin avec Boubard, cette année-là. Mais c'était il y a deux ans, on était encore des gamins… Vous voyez, je vous dis toute la vérité. Mais il faut aussi que vous compreniez bien qui était Sa Majesté Valentin 1er – pas vraiment l'espèce de Bisounours auquel certains, je pense à Letalandier, l'ancien principal, ont voulu qu'on croie par la suite.

Bon, je reviens à son message. Je peux dire aujourd'hui, avec le recul, que c'est ce qui a précipité les hostilités entre nous. Je savais déjà par Alice Pregoszian que Boubard me considérait comme un « salaud ». Il ne s'était pas privé de le lui dire. Il me jalousait pour mes résultats scolaires et surtout parce que j'avais un tas d'amis dans la classe. Je ne faisais pas, comme lui, le vide autour de moi.

J'avais demandé à Alice si Boubard n'était pas amoureux d'elle, par hasard.

– Sûrement pas ! avait-elle répliqué un peu trop vivement.

Sa réaction m'avait amusé.

– Hé, je n'ai pas demandé : « Est-ce que tu es amoureuse de lui ? »

– Non mais, ça va pas ?

Et elle avait ajouté cette petite phrase qui m'avait fait réfléchir :

– C'est peut-être de toi qu'il est amoureux !

J'avais ricané sur le moment, mais, d'une certaine façon, ce message enregistré donnait en partie raison à Alice. Boubard me haïssait et m'admirait à la fois. On dit que l'amour et la haine ça va ensemble, bien des fois…

Je vous dis ça à vous qui êtes psychologue, vous en savez certainement davantage que moi sur ce sujet, et je suis sûr que vous me comprenez…

Au fond, le message de Boubard ressemblait à une de ces lettres de rupture qu'une fille aurait adressée à un garçon qui l'aurait quittée. Une lettre pleine de rancœur et de ressentiment. La lettre d'un faible, la lettre d'un lâche qui ne trouvait pas le courage de me parler en face.

Si j'avais voulu, j'aurais pu réexpédier ce MP3 aux autres pour les faire rigoler. « Je t'aime, pourquoi m'as-tu quitté ? » Bon, je ne dis pas que c'est exactement ce que ce crétin me disait, mais la situation était bien celle-là. Boubard n'a jamais eu le moindre sens du ridicule. Juste une voix suraiguë et douceâtre, écœurante et qui, en plus, proférait des menaces : « Je te rendrai coup pour coup. »

Je vais vous faire une confidence : j'ai décidé de lui répondre, puisqu'il le voulait et j'ai écrit « PD » en Arial avec une police d'au moins 72, ça prenait tout l'écran !... Oui, je suis d'accord, ça craignait... Autant le dire, au moment de cliquer, je me suis retenu à temps. C'était quand même assez « primaire » comme réponse, je ne suis pas homophobe et je ne l'ai jamais été. Et puis je ne crois même pas que Boubard était comme ça, je veux dire : qu'il aimait les garçons. Non, il suffisait de voir comment il reluquait Alice... J'ai effacé « PD », j'étais capable de beaucoup mieux. Boubard me défiait, eh bien j'allais laisser tranquillement venir la rentrée pour relever son défi. J'ai éteint mon ordi. Que Boubard mijote dans son jus, en attendant.

Je pensais ne le retrouver qu'en janvier, et puis je suis tombé sur lui et son père au ciné. On était avec Karim, Alice et Lionel, je crois, la petite bande. On allait voir *Harry Potter* le 1 ou le 2, je ne sais même plus. Le père de Boubard était content de faire notre connaissance, mais le visage de son fils s'est tendu dans une expression de malaise, surtout quand son père s'est éloigné pour prendre leurs places. À considérer sa bouille aux joues rosies par le froid, je me suis dit qu'il mangeait décidément trop, et, tant pis si je vous choque,

que ses joues finiraient par ressembler à une grosse paire de fesses. C'est ce que j'ai chuchoté à l'oreille de Karim, qui a eu le fou rire jusqu'au moment d'entrer dans la salle. Je vois que ça vous fait sourire aussi... Ah, faites-moi penser à vous demander quelque chose avant la fin de notre entretien...

Le père de Boubard revenait avec leurs billets. Il s'est mis à me faire la conversation. Moi ça m'amusait plutôt. J'ai branché « Franckie » - sa femme l'appelait ainsi, Alice me l'avait dit - sur sa musique :

– Alors, il paraît que vous avez enregistré avec Francis Bruel ?

C'était un peu la même blague que j'avais sortie à son fils trois mois plus tôt. À la différence de Petit-Boubard, Grand-Boubard a compris tout de suite et il a ri. Il avait plus d'humour que son fils. Mais on n'a pas discuté de son métier, en faisant la queue. On n'a d'ailleurs pas discuté du tout, c'est lui seul qui a parlé, il nous a fait une sorte d'exposé sur Harry Potter, il avait lu la série, enfin jusque-là où elle en était à l'époque, et cette « mythologie moderne » le fascinait. Ce sont les mots mêmes qu'il a employés... Oui, je vous l'ai dit, j'ai une super mémoire...

Au moment d'entrer dans la salle, « Franckie » a dit à son fils :

– Reste avec tes copains, je suis sûr que tu en meurs d'envie, et tu sais que je n'aime pas être trop près de l'écran.

Boubard n'a pas osé refuser. Je pense que si son père lui avait ordonné de se jeter du haut de la Tour Eiffel, il l'aurait fait. Je n'ai jamais vu quelqu'un d'aussi soumis à son papa.

J'ai regardé Alice, j'ai bien vu que ça ne lui disait rien de se coltiner Boubard, mais je me suis quand même arrangé pour le coincer entre elle et moi et je l'ai ignoré total. Je voulais le mettre mal à l'aise. J'étais sûr qu'il se demandait si j'avais écouté son message. Je ne lui ai pas livré le moindre indice. Dans son jus, je pensais, comme je vous l'ai dit. Qu'il mijote dans son jus.

J'ai tranquillement regardé le film. Quand Boubard s'est levé, à un moment, pour ôter son manteau, je lui ai juste dit la vérité, en tordant le nez :

– Tu sens mauvais.

J'ai lu quelque part que la peur fait abondamment transpirer. Moi, je ne sue presque jamais. Même après un entraînement, je reste frais comme un gardon et ça étonne toujours mes copains du club. C'est triste à dire, mais c'est la vérité : Boubard dégageait une espèce d'odeur particulière. Je reconnais que ce n'était pas de sa faute, mais ce n'était pas non plus de la mienne…

Oui, vous avez raison, il est tard. On va arrêter là… La question que je voulais vous poser ? Ah oui ! Pourquoi vous intéressez-vous à cette histoire, si longtemps après. Qu'est-ce que vous comptez faire avec tout ça ?

***

Tout le temps des pubs et des bandes-annonces, Valentin les entend chuchoter des bêtises. Il n'ouvre pas la bouche. Il est assis entre Bastien et Alice. Ces deux-là se parlent, indifférents à lui. Alice a même un geste pour donner une bourrade à Bastien qui la taquine. C'est un jeu entre eux. Il prétend qu'avec sa nouvelle coiffure, elle ressemble davantage à Hagrid qu'à Hermione. C'est tellement exagéré qu'Alice ne peut pas en être vexée. Elle fait seulement semblant. Le coup qu'elle veut donner à Bastien rate sa cible et Valentin écope du coude d'Alice. Atteint à la mâchoire, il a mal mais il proteste à peine. Alice s'excuse, un peu confuse, tandis que Bastien se tient les côtes de rire.

Lorsque le film commence, Valentin a chaud. Il se contorsionne pour ôter son vêtement en dérangeant le moins possible ses voisins.

Il plie son manteau sur ses genoux. Bastien se

penche alors vers lui pour lui souffler dans l'oreille :

– Tu pues. C'est dingue ce que tu peux puer du lard.

« Puer du lard » ou « Puer le lard ». Ou peut-être même seulement : « Poudlard ». Valentin n'est pas très sûr de ce qu'il vient d'entendre. Il décide de quitter son siège, tant pis, et de retourner vers son père au risque de ne pas trouver de place. Bastien perçoit son intention et insinue une main ferme sous le manteau, lui serrant la cuisse de ses doigts en étau, juste au-dessus du genou, là où ça fait le plus mal.

Valentin se fige. Cette main lui répugne et il panique à l'idée de la subir tout le temps du film.

– Lâche-moi, tu me fais mal, réussit-il à articuler.

– Tais-toi, lui reproche Bastien. Tu déranges tout le monde.

– Ça va, je ne bougerai pas, mais laisse-moi tranquille.

À la droite de Valentin, Alice s'impatiente :

– Hé les gars, c'est bon, ne commencez pas à bavardocher !

Bastien retire sa main. Valentin se penche alors vers Alice et, le plus bas possible pour que l'autre ne l'entende pas, il propose :

– Changeons de place, tu seras mieux auprès de Bastien.

Elle accepte et ils effectuent le changement. Au grand soulagement de Valentin, Bastien tolère cet échange de place. Derrière eux, une femme s'agace :

– Ça va durer encore longtemps, votre trafic ?

Le cœur battant, Valentin s'assoit sur le siège qu'occupait Alice. Il ressent pour elle un immense sentiment de gratitude.

– Merci, lui dit-il.

Elle lui fait « Chut ! » de l'index posé sur les lèvres. Dans un bref éclat de lumière de la projection, Valentin entrevoit la main de Bastien tenant celle d'Alice. Le visage de sa copine, impassible, est tourné vers l'écran. Bastien, lui, se détourne un instant du film pour considérer Valentin avec une expression proche de celle qu'il avait derrière la vitre, dans la voiture de sa mère, quand Fatima était tombée.

Comme ce jour-là, Valentin ne peut soutenir le regard de Bastien qui l'atteint au plus profond. Plus que les moqueries, les insultes, les brimades à répétition, plus encore que cette main qui, à l'instant, lui serrait la jambe, la cruauté tranquille de ce regard indique à

Valentin que son message enregistré n'a pas atteint son but et que rien n'est réglé entre Bastien et lui.

Au contraire, ressent-il avec le sentiment d'un désastre annoncé, ça ne fait que commencer.

DEUXIÈME TRIMESTRE

Chapitre 9

Le jour du coup de poing

Chaque trimestre, on change de place. Valentin n'est donc plus assis à côté de Bastien. Il n'est assis à côté de personne, la classe comptant un nombre impair d'élèves. Cela lui a été un soulagement de se retrouver tout au fond, à bonne distance de son ancien voisin de table. Ainsi échappe-t-il désormais à la main répugnante qui lui serre la jambe.

Le premier jour, Bastien s'est retourné une ou deux fois pour le regarder avec une indifférence calculée et qui se voulait glaçante. Et puis il ne l'a plus regardé du tout.

Valentin est resté quelque temps sur ses gardes, parlant peu, évitant de se faire remarquer. Dans la cour, les couloirs, il conserve prudemment ses distances. Il se range toujours parmi les derniers au moment d'entrer en classe et longe les murs, limitant ainsi la possibilité d'une attaque.

À son grand soulagement, Bastien n'a rien fait pour l'approcher. Peu à peu, Valentin s'est mis à espérer : son message envoyé à la fin de l'année a fait réfléchir son persécuteur…

Et puis, très vite, de nouveaux ennuis sont arrivés. Non plus ceux d'avant les vacances (encre projetée sur les vêtements, croche-pieds dans le couloir, pincements, moqueries, insultes) mais crachats et vélo crevé.

ENTRETIENS AVEC ALICE PREGOSZIAN (EXTRAIT)

Je ne suis pas stressée, Mademoiselle… Bastien m'a dit que vous étiez… enfin… il m'a dit que vous étiez cool… Il m'a aussi demandé de vous dire qu'il ne reviendra plus vous voir… Oui, je sais, mais je crois que son père n'est pas d'accord, il pense que ça commence à bien faire… Oui, c'est ce que dit le père de Bastien : de tout temps il y a eu des conflits d'école avec les faibles qui se font chahuter et les forts qui abusent de leur force. En grandissant, ça se calme, et chacun trouve sa place…

Moi ? Ce que j'en pense ? C'est-à-dire… je ne suis pas complètement d'accord, mais quand même… je veux dire, c'est vrai… c'est un peu bizarre de ressortir cette histoire vieille de deux ans… Oui, je sais que Bastien vous a dit ça aussi. Mais ne croyez pas que je me sente obligée de penser ou de dire comme lui. Je ne vais pas non plus me forcer à dire le contraire… Bastien, je l'aime bien, mais ça va, on est beaucoup moins proches qu'avant, même si on est toujours dans la même classe. De toute façon, l'année prochaine on sera chacun dans son lycée…

Un souvenir de Valentin ? Je réfléchis… Je me rappelle de lui jouant du piano… Bien sûr, j'ai d'autres souvenirs en classe ou dans la cour de récré. On le considérait tous comme un extraterrestre. Mais ce moment me reste gravé parce qu'en fait Valentin jouait horriblement du piano… Non, pas le clavier du sous-sol dans l'espèce de studio de son père. Ah, quelqu'un vous a déjà raconté l'anniversaire !… Pas Bastien, ça m'étonnerait, il n'y était pas… Karim, alors ? Je croyais qu'il ne voulait pas vous voir… Bon, excusez-moi mais vous ne pouvez pas me dire d'un côté : « Secret professionnel » et de l'autre m'interrompre toutes les trois secondes pour me balancer ce que vous savez déjà… Vous n'avez qu'à me laisser parler et vous ferez votre tri après… Non, je ne suis pas agacée… C'est juste une question de logique. Bastien m'avait dit le contraire, que vous le laissiez parler, sans presque lui poser de questions. Pourquoi est-ce différent avec moi ?

Bon, okay, on se calme… Je reprends… Valentin m'avait invitée à passer chez lui un après-midi où on n'avait pas cours. Oui, c'était bien avant Noël. Il tenait à me montrer comment il jouait du piano. Il ne me l'a pas proposé comme ça, mais, au final, c'était ce qu'il voulait faire, je l'ai bien compris. Il m'a laissée entendre qu'on pourrait se voir une fois par semaine pour faire de la musique ensemble. Vous savez que son père est un musicien connu, enfin, il accompagne des chanteurs plus ou moins connus… C'est bon, je reviens à Valentin…

Il était assez compliqué, comme garçon, il vous soûlait de paroles et vous mettiez du temps à comprendre où il voulait vraiment en venir. Je ne suis même pas sûre qu'il l'ait su lui-même. Mais je dois vous dire tout de suite que j'aimais bien Valentin malgré ses défauts.

Par exemple, cette histoire de piano, c'était assez touchant, en fait. On était jeunes, faut dire. Il n'avait pas voulu jouer devant les autres à son anniversaire, sur le piano blanc du salon, alors que sa mère le lui avait demandé à deux ou trois reprises :

– Joue quelque chose à tes amis.

Il avait répondu que non et il s'était assis sur le tabouret rectangulaire pour interdire à quiconque d'ouvrir le couvercle de l'instrument.

Alors, quelque temps plus tard, quand il m'a demandé de venir l'écouter, ça m'a plutôt fait plaisir. Il ne jurait que par le blues, le blues par-ci, le blues par-là, il possédait des enregistrements qui remontaient à l'époque du vinyle, c'est vous dire ! Il s'y connaissait, c'est sûr, il tenait ça de son père. Et Valentin m'avait tellement parlé de ce pianiste dont j'ai oublié le nom, un illustre inconnu, franchement, ou juste connu par les Boubard… il m'avait tellement répété que ce type avait inventé le boogie-woogie, d'où le rock a découlé par la suite… et du coup tout le R & B d'aujourd'hui… et même le rap et le slam via le jazz… vous voyez, j'ai bien retenu la leçon… Alors je suis retournée chez lui.

Bon, j'ai exagéré tout à l'heure en disant qu'il jouait horriblement. En fait, il n'avait pas de partition, il ne lisait pas comme moi la musique. Je fais de la flûte au conservatoire depuis toute petite. Lui, c'était un peu n'importe quoi, crispé sur le tabouret, les épaules trop hautes, les doigts raides… Je ne joue pas de piano, mais quand même, c'est le minimum de bien se tenir. Même pour la flûte… Et franchement, il recommençait sans arrêt, il jouait trois notes et s'écriait :

– Nan, nan ! Je me suis trompé ! Oublie, Valentin ! Efface tout et recommence !…

Il s'adressait des reproches, il était d'une nervosité incroyable. Ses mains tremblaient et je ne savais pas bien si c'était à cause du trac ou parce qu'il se rendait compte, devant moi, qu'il était nul…

Il a fini par renoncer et, du coup, j'ai joué un morceau très facile que m'avait montré une copine, un morceau rythmé qu'on ne joue pratiquement qu'avec les touches noires et les poings fermés qu'on fait rouler sur le clavier… Quand j'ai fini, j'ai regardé Valentin et je me suis aperçue… en fait, je n'avais pas vraiment prévu de vous dire ça, mais tant pis : je me suis apeçue qu'il pleurait, je veux dire pas à gros bouillons, non, mais ses yeux brillaient avec deux ou trois larmes qui perlaient. C'est dingue, parce que le morceau que je venais de jouer n'avait rien d'émouvant, et Valentin était juste à côté de la plaque, comme à son habitude… C'est-à-dire, je le connaissais déjà bien, mais c'était quand même étrange qu'il réagisse ainsi avec une telle émotion, comme si j'avais joué *La Sonate au clair de lune* ou une pièce de Chopin…

Logiquement, j'aurais dû revenir la semaine suivante avec ma flûte, c'était ce qu'on s'était dit, et on aurait essayé de jouer quelque chose ensemble… Mais… ça va peut-être vous paraître bizarre… de le voir pleurer comme ça, en fait ça m'a refroidie. Et je crois bien que je ne suis jamais retournée chez lui.

★★★

Le matin, aux abords du collège, Valentin doit passer sous une passerelle métallique. C'est de là-haut qu'on lui a craché dessus presque tous les jours du mois de janvier. Ceux qui l'ont pris pour cible ne se sont jamais montrés, ils n'avaient pas besoin de se pencher par-dessus le parapet, il leur suffisait de cracher dans l'espace entre les lattes de bois qui composent le plancher de la passerelle. Quand les crachats se sont calmés, c'est à son vélo qu'ils ont décidé de s'en prendre.

Valentin n'oublie pas ce que lui a recommandé Alice, un jour : « Plus tu réagis et plus ça les excite ! Ça leur passera. »

Dans les couloirs, le « jeu des dominos » a recommencé, sans le viser particulièrement. Une fois, Bastien est tombé. Valentin, le cœur battant, lui a tendu une main secourable que Bastien a méprisée.

Est-ce à cause de cette main tendue que, l'après-midi même, au gymnase, le vide s'est fait dans le vestiaire autour de Valentin. On aurait dit que les garçons s'étaient donné le mot pour se mettre le plus vite possible en tenue, comme impatients d'aller s'échauffer dans la salle.

Quand Valentin est sorti à son tour du vestiaire, le poing de Bastien l'a atteint au plexus, lui vidant l'air de la poitrine et lui coupant le souffle. Avant de courir se mêler aux autres, Bastien a pris le temps d'éructer ces mots :

– « Coup pour coup », tu te rappelles, connard !…

Ne pas reprendre sa respiration est abominable. Vous ne pouvez pas appeler au secours. L'instinct de vie vous pousse à courir et vous retient de le faire, pris entre la nécessité de trouver de l'aide au plus vite et celle d'économiser votre oxygène. Valentin s'est lancé dans une course raide où la terreur de mourir augmentait à chaque pas. Dans sa panique, le pantin grotesque qu'il était devenu s'est perdu, a pris le couloir dans le mauvais sens et s'est retrouvé face à une porte fermée. Il a refait le chemin inverse et, de façon inattendue, alors qu'il ouvrait démesurément la bouche dans son appel silencieux, le souffle lui est revenu d'un coup en une inspiration semblable à un long cri de stupeur. Peut-être les bébés expérimentent-ils en naissant quelque chose d'assez proche.

Valentin a marché en rond quelques instants, soulagé, oubliant sa douleur, heureux d'avoir repris l'air, de sentir la vie revenue. Il a fini par s'asseoir à même le sol froid pour se remettre et calmer le tremblement de ses jambes.

Le prof d'E.P.S., Michel Mercier, l'a retrouvé là.

– À quoi tu joues ?

– À rien, M'sieur, j'arrive tout de suite.

Pendant les tours d'échauffement, le long des murs de la salle, ses jambes pesaient des tonnes et la gorge lui brûlait. Indifférent aux moqueries, il s'est laissé rattraper par le groupe de tête, s'écartant jusqu'à ce que Bastien parvienne à sa hauteur. Mais son agresseur a forcé le rythme et l'a laissé sur place.

Valentin n'a pu l'approcher que quelques minutes plus tard quand ils se sont trouvés tous les deux dans la même équipe de basket.

– On est quittes, maintenant, a-t-il dit à Bastien. N'est-ce pas qu'on est quittes ?

– Je ne sais pas de quoi tu me parles, a répliqué Bastien.

Marion a senti qu'il se passait quelque chose. Elle s'est approchée :

– Qu'est-ce qui vous arrive, tous les deux ?

– Bastien m'a frappé, a-t-il répondu.

Il a soulevé la chasuble et son tee-shirt pour montrer l'endroit douloureux. Le coup de poing n'avait pas laissé de trace particulière, c'était toute la peau qui était rouge du fait d'avoir couru.

– Ce mec est cinglé ! a fait Bastien.

Quelqu'un a bousculé Valentin, dans la phase de jeu.

– Pousse-toi, gros bide !

– On joue, on joue ! On n'est pas là pour se regarder le nombril ! a crié Michel Mercier.

Valentin s'est rapproché de Marion.

– J'ai cru mourir, lui a-t-il confié.

Elle a ri. C'était pourtant la vérité.

ENTRETIENS AVEC BARBARA ARMANDONA (EXTRAIT)

Vous avez déjà vu Bastien et Alice, je le sais, même si je ne sais pas ce qu'ils ont pu vous raconter. S'ils vous ont parlé de moi, ça m'est égal, je ne veux même pas le savoir. J'ai changé de collège depuis, et de l'eau a coulé sous les ponts, comme on dit…

Oui, c'est vrai, je suis ici pour vous parler de Valentin, mais par où commencer ? Je n'ai pas trop envie d'attaquer par la fin de l'année, ni par le milieu, parce que c'est trop triste et qu'il a vraiment souffert. Je préfère commencer par le début, seulement voilà, au début, Valentin, je ne l'aimais pas, j'étais comme les autres…

Je vais vous donner un exemple typique de la façon dont ça se passait avec lui. C'est à propos d'une blague qu'il nous avait claironnée : « Quand j'étais au C.P., j'ai dit à mon père que je n'aimais pas l'école parce qu'il n'y avait pas assez de cours… »

Je ne me rappelle plus pourquoi il nous avait sorti ça, mais je peux vous assurer que ça tombait comme un cheveu sur la soupe… Quand il commençait à raconter ses histoires personnelles, la plupart des élèves que cela avait pu amuser au début réagissaient avec hostilité : « Tu nous fatigues, encore à te la péter !... » Pour revenir à sa blague, « pas assez de cours en C.P. », elle semblait stupide et vouloir imposer de lui l'image d'un enfant prodige, genre : j'étais champion d'échecs en maternelle.

– Vous n'avez rien compris ! a triomphé Valentin. Je voulais dire à mon père : « pas assez de cour de récré » !

Vous souriez, et je dois dire que j'ai souri moi aussi en repensant à cette blague avant de venir, mais sur le moment, même les meilleures plaisanteries de Valentin tombaient à plat. Vous voyez le problème... Oui, vous avez raison, il ne l'avait sans doute pas inventé, ça lui était vraiment arrivé quand il était petit de dire ça à son père, sérieusement, « il n'y a pas assez de cour », c'est bien un truc de gamin... N'empêche, on ne riait jamais franchement ni à ses blagues ni à ses astuces. Elles se retournaient toujours contre lui.

Il y a des jardiniers qui ont la main verte et qui réussissent à faire pousser n'importe quoi, ou le roi Midas qui transformait tout en or... Valentin, lui, ce qu'il touchait se changeait en « bof » et en ennuis de toute sorte. Et malgré tout, il insistait.

Mais attention, je vous parle là du début d'année, parce qu'après Noël ça a changé. Il n'a plus raconté la moindre blague, il a cessé d'insister pour nous plaire et il s'est replié sur lui-même…

Chapitre 10

Le jour de la punition (1)

Valentin supplie sa mère :

– Emmène-moi !

– Tu plaisantes, j'espère ! J'ai douze visites à domicile ce matin et je dois d'abord passer à mon cabinet... Je ne peux pas t'attendre.

– Alors, je reste à la maison.

– Et quoi encore ? Tu vas te dépêcher de finir ton déjeuner et de préparer ton cartable sans perdre une minute.

Elle ne cédera pas.

– D'accord, tente-t-il malgré tout de négocier, mais j'irai à pied.

– Pas question. Ce n'est pas la porte à côté, et tu vas encore arriver en retard. Prends ton vélo.

Il n'ose pas dire que son vélo est à plat, pour la quatrième ou cinquième fois en un mois. Il a toujours réparé les chambres à air, plus ou moins en douce pour ne pas avoir à s'expliquer. Mais, hier, il en a eu assez de bricoler ses roues.

Sa mère a enfilé son manteau rouge et pris ses clés de voiture. Avant de sortir, elle se tourne vers Valentin.

– Ah, non ! Ne me regarde pas avec les yeux de cocker. Je te répète que le collège n'est pas du tout sur ma route et que si je t'accompagnais je tomberais ensuite dans les embouteillages de la tangentielle. Sois compréhensif, pas de caprice, veux-tu bien…

Il ne réagit pas, maintient son air de cocker.

– Veux-tu bien ? répète sa mère sur un mode plus fermement interrogatif.

Il acquiesce d'un clignement d'yeux.

– Bonne journée, Maman.

– Bonne journée à toi, mon Valentin.

Elle vient l'embrasser tendrement dans le cou et profite de leur proximité pour lui dire doucement :

– Il va bien falloir que nous parlions, tous les deux. Les fêtes sont finies, mon Val. On dirait que tu en es resté aux vacances de Noël. Je reconnais qu'elles ont été crevantes, mais il faut te reprendre… Tes notes sont catastrophiques !

Elle choisit de plaisanter, pour ne pas dramatiser :

– Je me demande si je ne vais pas t'interdire Ludwig Van. La musique des vieux bluesmen semblait mieux convenir à ton travail scolaire !

Cela ne l'amuse pas.

– Maman, souffle-t-il, je vais avoir des soucis au collège. Je suis arrivé plusieurs fois en retard…

– Ah, Valentin ! Tu me dis ça maintenant… Eh bien, je ferai un mot dans le carnet de correspondance. Je n'ai vraiment pas le temps, là tout de suite… À ce soir !

– À ce soir, M'man.

À l'entrée du collège, Valentin consulte sa montre. Douze minutes de retard déjà. Il passe la main entre les barreaux du portillon et appuie sur la sonnette fixée au montant métallique. Il se demande toujours pourquoi la sonnette se trouve à l'intérieur…

À son premier retard, mi-janvier, la surprise de découvrir le portillon fermé s'est muée en un commencement de panique. Il a appelé, mais sans oser crier et sa formule de politesse, prononcée d'un ton geignard, a paru s'écraser à ses pieds sans même franchir la grille : « S'il vous plaît !… »

La tentation était grande de faire demi-tour

pour rentrer chez lui. Et puis il a eu l'idée d'agiter les bras et cela a marché, la personne de l'accueil a fini par le remarquer et par lui ouvrir à distance. Il a sursauté quand le pêne électrique s'est déclenché.

La traversée de la cour déserte lui a paru interminable. À l'accueil, la jeune femme lui a demandé d'attendre. Elle avait déjà appelé la C.P.E.

– Pourquoi n'as-tu pas appuyé sur la sonnette ? lui a-t-elle demandé.

– Je ne savais pas.

Elle a levé les yeux au ciel et s'est remise à son travail.

Angeline Roux-Meignan, la C.P.E. a demandé à Valentin la raison de son retard. Il a prétexté une panne de réveil.

– Pendant que je te tiens, a-t-elle ajouté, c'était quoi ton problème mardi dernier au gymnase ? M. Mercier m'a demandé d'en parler avec toi. Il t'a entendu dire à Marion que tu avais reçu un coup de poing. Tu as eu un problème avec Bastien ?

Valentin ne s'attendait pas à cette question. Stressé par son retard, pressé de se rendre en cours, il a répondu que c'était juste un coup pendant le match, rien de grave, un accident.

C'est la quatrième fois que Valentin arrive en retard. Quand le pêne se déclenche, il ne sursaute même plus et la traversée de la cour ne lui paraît pas si longue que ça. À la jeune femme de l'accueil, il adresse un bonjour poli. La C.P.E. arrivera dans quelques minutes, il sait même où l'attendre pour ne pas lui faire perdre trop de temps.

Mais ce matin, la C.P.E. n'arrive pas seule. Le principal l'accompagne et Valentin serre très fort les mâchoires.

Yves Letalandier est un homme relativement jeune, à peine plus âgé que le père de Valentin. Il est toujours vêtu d'un costume clair. On le voit quelquefois à l'entrée du collège, mais on le croise rarement dans les couloirs. Il a la réputation d'être ferme sans être trop autoritaire. Il est proche de ses élèves, avec lui, on peut discuter.

À sa demande, la C.P.E. les laisse seuls et Yves Letalandier conduit sans un mot Valentin jusqu'à son bureau. Pour lui présenter son projet de « sonneries musicales », au mois de décembre, Valentin avait demandé à le rencontrer et le principal avait accepté de le recevoir ici même. Il l'avait fait asseoir dans un fauteuil profond dont Valentin avait beaucoup apprécié le confort. Ce moment paraît si lointain… Cette fois, ils restent debout tous les deux.

Une odeur de café flotte dans la pièce, émanant d'une machine dissimulée derrière un paravent et dont on entend les bruits d'écoulement.

– Quel est ton problème, Valentin ? lui demande Yves Letalandier.

Valentin paraît se tasser. Pourquoi est-ce sans fin cette question-là qu'on lui pose ? S'il disposait d'une coquille ou d'une carapace, il se réfugierait dedans pour ne plus donner prise à rien ni personne.

– Je n'ai pas de problème, répond-il les yeux fuyants.

– Je n'ai pas entendu, lui dit le principal. Répète plus fort et regarde-moi quand tu me parles.

– Je n'ai pas de problème, répète Valentin tentant avec difficulté de planter son regard dans celui de l'adulte.

– Trois retards en deux semaines, c'est beaucoup.

Valentin éprouve un soulagement. En réalité, le bilan est plus élevé. Yves Letalandier se méprend sur la lueur de satisfaction dans les yeux de Valentin.

– Cela n'a pas l'air de t'affecter. Que t'est-il arrivé, cette fois-ci, après les pannes de réveil et l'erreur d'emploi du temps ?

– Mon vélo est à plat.

– Je le sais, lui réplique le principal à sa grande surprise. Je t'ai vu quitter le collège hier. Tu poussais ton vélo. Tu aurais eu le temps de le réparer depuis, non ? Ou de prendre tes dispositions pour partir plus tôt ce matin… Les mots sur le carnet de correspondance n'ayant aucun effet, j'ai décidé de convoquer tes parents.

Valentin est assommé par cette nouvelle.

– Efface cet air réjoui, s'il te plaît, lui demande le principal.

– J'ai pas cet air réjoui, proteste Valentin. C'est mon air normal. Je n'y peux rien.

– Soit. Je vais donc écrire à tes parents et nous verrons bien. Mais toi, explique-moi un peu : pourquoi ces retards à répétition ? Tu rencontres un problème, en ce moment ? Quelque chose ne tourne pas rond dans ta vie ?

L'image de Bastien s'impose à Valentin. Il n'ose pas prononcer ce prénom. À sa grande surprise, c'est le principal qui s'en charge :

– J'ai parlé de toi, récemment, avec Bastien Lange.

Valentin se raidit.

– Ah bon ? Et qu'est-ce qu'il vous a dit ?

– Enfin, s'écrie le principal, voilà qui te fait réagir ! Je préfère ça à ton petit air d'avant... Et que crois-tu, toi, que Bastien ait pu me dire, à ton sujet ?

La question prend de court Valentin. Il n'y répond pas, préférant questionner à son tour Yves Letalandier :

– C'est lui qui a voulu vous parler de moi ?

– Tu es gentil, Valentin Boubard, mais ici c'est moi qui pose les questions... Cependant je vais te répondre. Non, Bastien n'a pas demandé à me rencontrer, je l'ai croisé dans le hall et j'ai tenu à avoir une petite conversation avec lui. Je voulais en quelque sorte résoudre une énigme. Vous étiez copains, tous les deux au début de l'année, non ?

Un espoir s'affirme dans le cœur de Valentin. Il se rappelle en effet une récréation où il a entendu Karim et quelques autres s'interroger avec inquiétude sur l'absence de Bastien. Celui-ci est arrivé en retard au cours suivant, avec un mot de la C.P.E., et Valentin l'avait entendu dire : « Letalandier m'est tombé dessus. » Peut-être le principal a-t-il été mis au courant de son manège ?

Mais Yves Letalandier poursuit :

– Tu files un mauvais coton, Valentin. Je ne sais pas si tu connais cette expression…

Valentin hoche négativement la tête.

– C'est une expression ancienne qui demeure pertinente. Filer la laine ou le coton, c'est transformer en fil la matière première pour fabriquer du tissu. Plus cette matière première est de bonne qualité, meilleurs seront le fil et le tissu. Toi, il semble que le coton ou la laine que tu choisis de filer ce trimestre soit… enfin, tu vois ce que je veux dire… Bref, tu ne fiches plus rien de bon, Valentin, et tes résultats sont devenus très préoccupants. De cela aussi, bien sûr, je parlerai avec tes parents. File, maintenant, si j'ose dire… Retourne en cours.

Valentin ramasse son gros sac par la poignée. Il danse d'un pied sur l'autre, ne se résolvant pas à quitter le bureau sans savoir :

– Mais Bastien, il vous a dit quoi ?

Yves Letalandier contient son impatience et consent encore une fois à lui répondre :

– La même chose que tes professeurs. Qu'il y a un souci avec toi. Que quelque chose cloche dans ton comportement.

Valentin rassemble tout son courage. Cette fois, il ne veut pas nier, comme avec la C.P.E.

– Rien ne cloche, affirme-t-il. Le souci, c'est lui. C'est Bastien Lange.

Un sourire incrédule s'épanouit sur le visage d'Yves Letalandier.

– Tiens donc !

– C'est Bastien qui crève mes pneus, qui me bouscule…

– … Qui oublie de mettre l'alarme à mon réveil, poursuit le principal sur le même ton.

Indifférent à l'ironie du chef d'établissement, Valentin reprend :

– Il m'a frappé au ventre, mardi au gymnase.

Yves Letalandier prend quelques secondes de réflexion avant de trancher :

– Quoi qu'il en soit, Bastien Lange me semble plus « fair play » que toi. Lui au moins ne se permet pas de dire du mal de Valentin Boubard… Vous vous entendiez si bien… Que s'est-il passé ? Une histoire de fille ? La belle Alice Pregoszian ?

Valentin rougit violemment.

– Vous ne me croyez pas, lance-t-il buté pour cacher sa gêne. C'est comme pour les sonneries musicales. Je me donne du mal et rien de ce que je dis ne vous intéresse. Rien de ce que je dis n'intéresse jamais personne…

La voix du principal se fait menaçante :

– Change de registre avec moi, s'il te plaît.

Je ne suis pas un de tes camarades. Voilà pour la forme. Pour le fond, tu mélanges deux choses qui n'ont aucun rapport. Ton projet de sonneries n'a suscité aucun enthousiasme auprès de mon équipe pédagogique, et pour ne rien te cacher nous préférerions tous que tu consacres ton énergie aux maths, au français, à l'anglais, à l'histoire… si tu vois ce que je veux dire.

Le principal pousse un profond soupir et reprend avec une douceur qui ne rassure en rien Valentin :

– Quant aux propos que tu viens de tenir sur Bastien, je vais demander à Mme Roux-Meignan de vous recevoir tous les deux pour confronter vos versions.

– Nan ! s'écrie Valentin paniqué à cette perspective.

– Et pourquoi « nan » ?

– Je ne sais pas. Je veux pas. Tant pis, ce n'est pas si grave…

Une crispation involontaire tord les lèvres du principal.

– Soyons clairs, Valentin. Parlons-nous d'homme à homme, sans compliquer les choses. Oui ou non es-tu victime de mauvais agissements de Bastien comme tu me l'as laissé entendre tout à l'heure ?

Valentin est soulagé de pouvoir répondre :

– Non, Monsieur. Je regrette. Vous avez raison. Je ne sais pas pourquoi j'ai dit ça.

Chapitre 11

Le jour de la punition (2)

Lorsque Valentin, sortant de chez le principal, retrouve Angeline Roux-Meignan dans son bureau, elle lui déclare d'emblée :

– Monsieur Letalandier vient de m'appeler. Il souhaite que tu n'ailles pas en cours, l'heure est trop entamée. Tu vas te rendre au C.D.I. et attendre en bouquinant, si ça te chante, ou en avançant ton travail… Mais dis-moi : qu'est-ce que tu es allé lui raconter à propos de Bastien ?

Valentin est surpris et déçu. Il a cru que ce qui s'était dit dans le bureau d'Yves Letalandier resterait secret, « d'homme à homme », c'est bien ce que le principal avait annoncé. Il n'a pas la moindre envie de reparler de Bastien, surtout à la C.P.E., à qui il a dit il y a quelques jours qu'il ne s'était rien passé au gymnase.

– Ça n'a pas trop d'importance, tente-t-il d'expliquer. Bastien m'a juste embêté une ou deux fois.

– Embêté comment ? insiste-t-elle.

Valentin se sent de plus en plus accablé. La raison de ses retards répétés ne tient pas seulement à ses problèmes de crachats et de vélo crevé mais aussi à cette sensation d'épuisement qu'il éprouve chaque jour davantage. Et à la crainte que Bastien trouve bientôt une occasion nouvelle de le frapper.

S'il le pouvait, il ne viendrait plus au collège. Il resterait chez lui, dans sa chambre, à relire *Le Roi de la forêt des brumes*, à dessiner, à composer des musiques sur son ordinateur, à diriger la 9e de Beethoven (le deuxième mouvement, son préféré...).

Mais le quotidien s'impose à lui, aussi impitoyable que le principal quelques instants plus tôt ou qu'Angeline Roux-Meignan lui reposant pour la troisième fois sa question insidieuse :

– Embêté comment ?

– Dans le couloir, improvise Valentin. Il m'a juste bousculé, ce n'est rien.

– Votre fameux « jeu des dominos ». Vous êtes repartis comme en 14 ! s'emporte la C.P.E.

J'espérais que c'était fini, mais vous avez remis ça vendredi et je me suis laissé dire qu'hier vous aviez atteint des sommets... On se plaint de vous jusqu'à l'étage inférieur. Vous faites, à chaque interclasse, plus de vacarme qu'un troupeau d'éléphants !...

Elle se relève soudain, propulsant vers l'arrière son fauteuil à roulettes, pour consulter un emploi du temps affiché au mur.

– Cours de français ? Ça tombe très bien !

Un peu étourdi, peinant à rester dans le sillage de la C.P.E. à cause du poids et de l'encombrement de son sac qu'il tient par la poignée (il n'a pas pris le temps de passer les bretelles à ses épaules), Valentin la suit dans les couloirs et les escaliers jusqu'à la salle de classe.

Elle frappe à la porte et ouvre sans attendre, s'excusant auprès de Jérôme Meignan de devoir interrompre son cours.

– Je t'en prie, lui dit-il.

Et il s'écarte pour la laisser s'adresser aux élèves. La classe, surprise, observe surtout Valentin et ricane, se moquant de ses joues rouges et de son souffle court. Il tente de s'abriter derrière le professeur, mais l'enseignant vient s'appuyer dos au mur, laissant Valentin à découvert.

– Nous en avons assez, commence la C.P.E., de ce « jeu » stupide que vous vous obstinez à pratiquer malgré tous les avertissements qu'on a pu vous adresser…

Le « on » désigne à n'en pas douter l'ensemble des professeurs et des conseillers d'éducation, mais le « nous » de début de phrase (« nous en avons assez ») a paru englober Valentin, le mettant plus mal à l'aise encore.

– Je vous informe donc que je vous punis tous. Monsieur Meignan…

Ce « Monsieur Meignan » arrache quelques sourires railleurs. Ils savent tous qu'Angeline et Jérôme sont mari et femme, l'enseignant et la conseillère ne s'en cachent d'ailleurs pas ; cependant, ils mettent un point d'honneur à se considérer uniquement en professionnels devant les élèves.

– … Monsieur Meignan, s'il le veut bien, trouvera là une bonne occasion de vous faire réviser vos classiques.

Le professeur entre joyeusement dans le jeu de son épouse :

– Pour lundi prochain, chacun de vous recopiera tous les extraits des chants de *La Vengeance d'Ulysse* que nous avons étudiés au premier trimestre.

Des voix s'élèvent :

– C'est vous qui vous vengez, M'sieur !

– Pire qu'Ulysse ! C'est pas juste !

– Pourquoi tout le monde ? On paye pour les autres, même si on n'a rien fait !

Angeline Roux-Meignan, indifférente à ces réactions, se contente d'ajouter :

– Et double punition si j'entends une nouvelle fois parler de vous.

– Vous auriez alors à copier en plus les extraits des derniers chants, appuie Jérôme Meignan pince-sans-rire. *Ulysse le retour* !… Valentin, regagne ta place. Tu me diras en fin d'heure la raison de ton nouveau retard.

– Laisse, intervient Angeline, tout est réglé avec le principal.

***

La terre a tremblé ces jours-ci dans une partie du monde. Le séisme a été bref et d'une violence inouïe. En quelques secondes, une ville entière dévastée, des milliers de morts et de blessés…

Valentin, les yeux baissés, a regagné sa place, tout au fond de la classe. Il se demande quand, pour lui, la secousse va se déclencher. Tout de suite, pendant le cours de Meignan ? Tout à l'heure à la récréation ? Plus tard dans le couloir, les escaliers ? Ou seulement demain, après-demain, la semaine prochaine ?

Avec Bastien rien n'est prévisible, jamais, et Valentin a du mal à détacher ses yeux de ce dos tout en angles où les épaules font une ligne raide. Se représenter le visage cruel de son ennemi est presque pire que de l'avoir en face.

Tandis qu'Angeline Roux-Meignan claironnait sa punition collective, Valentin a reçu bien des regards sur lui comme autant de crachats de la passerelle. Il sait ce que croient les autres, ce qu'ils veulent croire : que son retard n'est dû qu'à une visite à Letalandier, auprès de qui il est allé fayoter au sujet des bousculades pour dénoncer la classe…

Sitôt Meignan a-t-il le dos tourné que des petits papiers se mettent à circuler. De Bastien à Lionel, de Lionel à Alice, avec retour à Bastien. Karim n'a pas besoin d'écrire, ils sont voisins lui et son ami, ils peuvent comploter à voix basse. Une poignée d'élèves communiquent ainsi sous les regards amusés ou indifférents de la majorité.

Et puis plus rien. Calme total.

Les hommes sont, paraît-il, insensibles aux signes annonciateurs des catastrophes, que bien des animaux perçoivent : les chevaux, les chiens… et les rats apeurés.

ENTRETIENS AVEC ALICE PREGOSZIAN (EXTRAIT)

Oui, je reconnais que la semaine dernière, j'ai été surprise. Je ne pensais pas que l'entretien commencerait de cette façon et que vous alliez m'interrompre si souvent. Vous m'avez mise mal à l'aise, au début, avec vos interrogations à répétition et j'ai bien failli me refermer comme une huître. J'ai été très directe. J'espère que vous ne m'en avez pas voulu. Moi, je suis comme ça, je dis ce que je pense. J'ai mauvais caractère et je le sais. Mes parents disent que ça va me jouer des tours. Ça m'en a déjà joué…

Que ce soit clair entre nous, je ne suis pas là pour dire du mal de qui que ce soit, et je pourrais en dire de moi tout pareil, je ne me mets pas à part des autres, mais je crois que les garçons, dans cette histoire, n'ont pas été tout à fait corrects. Bastien, c'est vrai, a joué avec Valentin au début de l'année, il lui a laissé croire qu'ils pouvaient devenir amis, et puis assez vite il s'est rétracté. Le problème est que Valentin n'a pas vu, ou pas voulu voir, les signaux que son ex-copain lui envoyait. Il s'est cramponné et c'est pour ça, à mon avis, que leur relation a mal tourné… Voilà, c'était important que je vous le dise…

Oui, vous avez raison, ça ne justifie pas les coups, les humiliations. Mais quels coups, exactement, quelles humiliations ? Je vais vous dire : j'ai entendu parler, moi aussi, de cette histoire au gymnase, mais je n'en ai pas été témoin, personne n'en a été témoin et j'ai toujours trouvé bizarre que Valentin n'ait raconté ça qu'à Marion… Non, je n'affirme pas qu'il a menti, ne notez pas ça… notez plutôt que j'ai comme un doute… Surtout que, depuis les vacances de Noël, Bastien fichait une paix royale à Valentin, ils ne se parlaient plus et c'était bien ainsi…

Non, non, je ne dis pas que Valentin a tout inventé, mais il est possible qu'il ait menti quelquefois, non ? Ou exagéré certaines choses ? Il n'allait pas très bien à partir de janvier, il n'était plus le même. Il avait pété un câble, pardonnez-moi l'expression. Alors il faut faire la part des choses…

Personne n'a compris ce qui a pris à Valentin d'aller trouver le principal (pas la C.P.E., le Grand Chef en personne !…) et de dénoncer la classe, alors que le « jeu des dominos », vous savez, n'était pas spécialement contre lui et qu'il en était même beaucoup moins victime que d'autres. Je pense à Tchavi (Xavier, on l'appelle comme ça...) qui s'est pris de sacrées gamelles...

Je peux vous dire que, quand la punition nous est tombée dessus, ceux de la classe qui appréciaient encore un peu Valentin ou le prenaient en pitié, comme je l'avais fait tout au long du premier trimestre, eh ben même ceux-là, j'allais dire « lui ont déclaré la guerre », mais il ne s'agit pas de guerre... En fait, personne ne s'est plus intéressé à Valentin, il n'en valait pas la peine. On l'a... je cherche le mot... « Ostracisé » ? Si vous voulez... Non, je ne connaissais pas ce mot, il n'est pas très beau, mais merci de me l'apprendre... Oui, c'est ça, on l'a rejeté... Pire, en fait : on l'a ignoré total, méprisé, rayé de la carte... Oui, vous avez raison. Je reconnais que c'est terrible, comme situation, mais il l'avait bien cherché, non ?

Je vais devoir partir, j'ai cours au conservatoire... Une question encore, si vous voulez, mais la dernière... Oui, il s'est bien « passé quelque chose » le jour de la punition... Je ne vais pas tourner autour du pot, on s'est un peu fait justice nous-mêmes... Bastien vous l'aurait raconté s'il avait continué à venir… Non, bien sûr, pas toute la classe ! Dans ces occasions, il y a toujours des lâches qui fuient leurs responsabilités… Combien ? Je dirais que nous étions à peine une dizaine… Non, je ne vous donnerai pas les noms… Oui, je sais bien que vous n'êtes pas de la police, mais n'empêche, je n'ai pas envie de donner les noms… Un mot a circulé, genre : « On lui règle son compte ? » C'était comme un sondage, un vote. J'ai répondu : « Oui »… Et alors ? Je ne vois pas la contradiction… Au contraire, le fait d'être déléguée de classe me donnait toutes les raisons de ne pas laisser Valentin impuni ! Bastien a dû penser la même chose.

Après, sur la façon dont on lui a réglé le compte, il y a eu beaucoup d'exagération. Il n'a pas saigné, que je sache, il n'a pas perdu un bras, ni un œil, ni même une dent… Et puis, les autres, les péteux qui n'ont pas participé, ils étaient quand même au courant… Toute la classe était au courant… C'est pour dire…

La vie a repris son cours normal, après, on a tous refilé nos lignes à Meignan qui les a à peine regardées. Même Valentin avait copié la punition, ce qui nous a bien amusés, et voilà…

Je dois vraiment y aller, cette fois.

Chapitre 12
Le jour de la punition (3)

Valentin se lève le premier. Le premier, il a rassemblé ses affaires, avec le plus de discrétion possible pour ne pas alerter le prof. Le premier, il veut sortir de la classe et foncer au milieu de la cour pour se placer en vue des surveillants.

Karim a repéré son manège, deviné ses intentions et le bloque avant même qu'il ne franchisse la porte.

Jérôme Meignan referme son cartable. Il considère d'un œil las le couple trop serré que forment Karim et Valentin.

Il émet alors un son inarticulé, un simple claquement de langue à l'intention de Karim, qui comprend aussitôt l'injonction et lâche le bras de Valentin.

– Vous vous expliquerez dans la cour, leur dit

encore Meignan plutôt satisfait d'avoir été obéi.

– Pas de souci, M'sieur ! clame Karim. Au revoir, à lundi !

– Dépêchons, dit encore le prof qui attend pour fermer la classe.

Les derniers élèves passent devant lui. Karim dans le couloir ne quitte pas Valentin d'une semelle après lui avoir soufflé : « Si tu cours, t'es mort ! »

Valentin se met à courir, réussissant à échapper à Karim, mais il se casse la figure. Il se relève et enregistre deux choses : tout près de lui, Xavier prend un air tellement innocent qu'à n'en pas douter il est l'auteur du croche-pied ; seul à l'autre bout du couloir, Meignan s'éloigne vers la salle des profs.

À peine l'enseignant a-t-il franchi la porte à double battant menant à l'escalier A, que Bastien s'approche de Valentin.

– Toi, tu restes. Les autres, ceux qui ne sont pas concernés, dégagez !

La majorité des élèves discute âprement de la punition infligée par la C.P.E. avec le soutien actif de son mari. Aussi Lionel réplique-t-il à Bastien :

– On est tous concernés.

Certains demandent des explications à Valentin. Il n'en fournit aucune.

Bastien s'obstine :

– Ceux qui n'ont pas répondu « oui », vous dégagez !

– On fait ce qu'on veut ! lance Lionel en s'éloignant sans trop se presser avec quelques autres.

– C'est ça, marmonne Karim, faites ce que vous voulez mais cassez-vous quand même.

Ils ne sont bientôt plus qu'un petit groupe autour de Valentin. Il quête Alice du regard. C'est d'abord Barbara Armandona qu'il voit. Il n'aime pas cette fille, il ne l'a jamais aimée. C'est une hypocrite. Petite, malingre, elle a un humour caustique et ses railleries sont souvent dirigées contre lui. C'est, en ce moment, une bonne amie d'Alice. Peut-être est-ce la raison pour laquelle elle se permet toutes ces insolences à l'égard de Valentin, depuis qu'Alice et lui sont en froid.

Il faut être juste, Barbara ne l'a pas « cherché » depuis longtemps. C'est de la voir là qui ravive en une fraction de seconde les sentiments négatifs de Valentin, alors même que Barbara prend sa défense :

– Qu'est-ce que vous allez lui faire ? Fichez-lui la paix ! Il n'y est peut-être pour rien.

Qu'elle puisse ainsi adopter sa cause ouvre à Valentin un espace inattendu et rompt comme une digue le silence dans lequel il s'est enfermé depuis trop longtemps.

Il se lance alors d'une voix suraiguë dans une explication confuse, emmêlant la vraie raison de son retard, son entrevue avec Letalandier, la colère de la C.P.E… Karim et Xavier, eux, s'en prennent à Barbara, lui reprochant de les trahir, et celle-ci hausse le ton à son tour pour défendre son point de vue ! Le brouhaha est indescriptible. Une voix s'élève qui fait taire toutes les autres :

– VOS GUEUUUUUULES !

C'est Alice.

– Vous avez entendu ce qu'a dit Meignan ? Vous voulez vous coltiner, en plus, le *Retour d'Ulysse* ? Ne traînons pas ici, il n'est pas dingue, il a dû sentir le coup, je ne serais pas étonnée qu'il rapplique avec sa bonne femme.

Bastien l'approuve et livre alors un élément du plan qu'il a concocté :

– Direction le premier étage, juste en dessous.

– T'es dingue, lance Xavier. C'est l'étage des troisièmes.

– Justement.

– Allez, presse Alice, on y va.

Valentin tente une nouvelle fois de courir. C'est encore Xavier qui le stoppe, le plaquant comme au rugby. Valentin s'affale sur le Balatum.

– Relève-toi, Patapouf, lance Karim.

– Tenez-le bien, ordonne Bastien.

Il s'approche de Valentin fermement maintenu par Karim et Xavier et le frappe à la volée d'une gifle retentissante. Le sang reflue, et la marque blanche des doigts apparaît sur la joue de Valentin.

Sous la violence du coup, et comme s'il l'avait lui-même reçu, Antoine a aspiré bruyamment sa salive et rentré la tête dans les épaules. Il refoule aussitôt cet élan d'empathie pour donner à Valentin un coup de pied aux fesses :

– Avance, Gros-Cul…

Et, réagissant à un reniflement, il ajoute :

– C'est ça, chiale, tu pisseras moins.

Ils ont peur d'agir comme ils agissent, mais l'excitation leur donne du courage. Alice avance en éclaireuse pour s'assurer que l'escalier est désert. Elle se retourne pour faire signe que tout va bien et surprend un éclat de haine dans le regard mouillé de larmes de Valentin.

– Pas la peine de faire ta tête de victime. Tu l'as bien cherché, non ?

Bastien ricane.

– Tu as entendu, Nez-rose ? C'est fini d'apitoyer les filles. Ça ne marche plus. Elles ont enfin compris qui tu es vraiment : un fayot et une balance.

– Une fiotte ! clame Antoine sans rencontrer d'écho car ni lui ni personne du groupe ne semble connaître avec assez de précision le sens de ce mot.

Ils ont descendu les marches de l'escalier B et franchi la porte à battants. Les voici dans le couloir des troisièmes.

– Par là ! indique Bastien.

Il connaît les locaux comme sa poche. Il a dû repérer les lieux, avant même cette histoire de punition collective. Il ouvre une porte.

– Faut savoir que c'est des chiottes, dit Karim, surpris.

Il s'agit d'une grande pièce divisée en trois parties : deux W.C. séparés « hommes » et « femmes » et un lavabo commun. Bastien démonte rapidement l'essuie-main comme s'il l'avait déjà fait cent fois, de façon à dégager la large bande de tissu blanc cousue sur elle même, avec laquelle il entreprend de lier dans le dos les bras de son prisonnier.

Valentin s'égosille.

– Le bâillon ! ordonne Bastien.

Karim sort aussitôt d'une de ses poches un rouleau de ruban adhésif et de l'autre un paquet de mouchoirs en papier. Alice l'aide à sortir les mouchoirs de leur enveloppe transparente. Et tandis que Xavier et Antoine maintiennent Valentin au sol, couché sur le flanc, Bastien s'accroupit et enserre les joues de sa victime de la pince du pouce et de l'index. Confusément, Valentin ressent un dégoût semblable à celui que lui causaient les doigts en étau au-dessus du genou.

Bastien serre et Valentin ne peut résister, il lui faut ouvrir la bouche tant la douleur est vive. Karim lui enfourne alors une poignée de mouchoirs et entreprend de lui scotcher les lèvres.

– Ce con ! s'écrie-t-il. Il m'a mordu. Et il bave tellement que le scotch ne va pas tenir.

Bastien pince fortement le nez de Valentin qui se met à étouffer.

– Tu vois, ricane-t-il à l'adresse de Karim. Il tient bien, ton scotch.

Alice s'inquiète de voir le bâillon faire un creux. Valentin est en train d'aspirer les mouchoirs.

– Arrête ça, dit-elle. Tu vas le tuer.

– Tranquillou, Aliçou, réplique Bastien, tu casses l'ambiance.

Il maintient quelques secondes encore le nez fermé de Valentin avant de le lâcher en s'exclamant :

– Beurk, ce porc est plein de morve.

Karim trouve que la situation s'éternise.

– Allez ! dit-il. Il faut en finir.

– Et Marion ? demande tout à coup Bastien. Elle est passée où, celle-là ? Et Kevin ?

– Ils ont laissé tomber, lui répond Alice. Mais pas de souci, ils ne diront rien.

– Aide-nous ! lui demande Bastien. Tiens-lui solidement les jambes.

Alice obéit tandis que Bastien se penche sur Valentin pour lui défaire son pantalon. Valentin se débat. Alice n'a pas assez de force pour lui maintenir les deux pieds.

– Bon dieu ! s'indigne Bastien à l'adresse de Karim occupé à ramasser son rouleau de scotch. Qu'est-ce que tu glandes ? Aide Alice !

Karim s'empare du pied droit de Valentin toujours maintenu à terre par Antoine et Xavier. Bastien abaisse le pantalon jusqu'à mi-cuisses, puis le slip.

Il se fait un silence de mort. Même Valentin cesse de se débattre et de grogner dans son bâillon.

– On va te couper la nouille, déclare Bastien.

– Et on va la mettre à cuire, enchaîne Karim mauvais comédien et semblant réciter une réplique que lui aurait soufflée son chef.

Alice, mal à l'aise elle aussi, ose à peine regarder « la nouille » de Valentin.

– Ça va. On arrête, maintenant.

– Ma parole, s'écrie tout à coup Bastien, il a des poils ou quoi. Regardez, ils sont tout blonds. Si ça se trouve c'est une perruque, ricane-t-il encore en tirant sur le duvet pubien de Valentin qui se cambre de douleur.

– C'est bon, ça suffit, il a compris, maintenant, insiste Alice. Je vous préviens, je lâche sa jambe.

– Okay, dit Bastien. On arrête là.

Ils libèrent Valentin. Bastien empêche Karim d'enlever le bâillon trop tôt :

– En dernier seulement.

Il défait les nœuds de tissu qui enserraient les bras de Valentin et remet l'essuie-mains en fonction.

– Maintenant, le bâillon, ordonne-t-il à Karim.

Libéré de l'adhésif, Valentin se penche en avant et crache des lambeaux de mouchoirs en papier avec des haut-le-cœur tout en remontant du mieux qu'il peut slip et pantalon avant de se précipiter dans le W.-C. le plus proche pour y vomir.

– Tu n'oublieras pas de tirer la chasse et de laisser l'endroit aussi propre qu'il était en rentrant, lui ordonne Bastien.

Et il ajoute, à l'adresse d'Alice et de ses copains :

– Fin de l'opération « Justice imminente ». Dispersion du commando !

Avant de sortir, Alice s'assure tout de même que Valentin n'est pas trop mal en point.

– Ça va ? lui demande-t-elle du bout des lèvres tout en sachant très bien qu'il ne risque pas de l'entendre.

« Ça va aller… » répète-t-elle en rejoignant vite les autres.

Entre le moment où leur professeur les a lâchés et celui où ils ont libéré Valentin, il ne s'est pas écoulé plus de sept minutes.

Chapitre 13

Le jour de la punition (4)

Valentin reprend son souffle. Il ne descend pas en récréation. Il n'a pas vomi, malgré ses haut-le-cœur. Il fallait juste qu'il crache pour évacuer ce papier. Il s'asperge d'eau froide au lavabo et s'examine dans le miroir. Au bout du compte, sa joue gauche giflée par Bastien porte la seule trace visible de l'agression. Il frotte sa joue droite pour la rougir autant, et que ça se voie moins.

Lorsque la sonnerie se déclenche, il attend que les escaliers se remplissent d'élèves et remonte à son étage. La classe arrive conduite par le professeur de S.V.T. qui lui demande :

– Où étais-tu passé ?

– J'avais soif, répond-il laconiquement avant de regagner sa place.

Beaucoup de têtes se retournent, rigolardes. Ils savent tous. La nouvelle a dû circuler et ils s'en délectent. Il est le Salaud de l'histoire, celui qui les avait dénoncés, et les Gentils ont triomphé. Il est le Traître puni. Les mots de Bastien ont dû porter : « Justice imminente ».

Cela lui est égal. Tout ce que souhaite Valentin, maintenant, c'est avoir la paix. Les deux heures de cours avec la prof de S.V.T. lui paraissent un havre de tranquillité, une parenthèse dont il va profiter pour s'envoler.

Depuis le coup de poing reçu au gymnase, à trois ou quatre reprises, Valentin a déjà pris son envol en classe. Chaque fois dans les moments où la consigne était d'écrire. La tête penchée sur la feuille, la main tenant mollement le stylo afin de mimer pour l'enseignant l'acte d'écrire, les yeux clos pour mieux profiter du voyage… le rêve alors peut se déployer.

Planer au-dessus du monde ! Éventuellement dans la compagnie d'oiseaux de passage que, tel Nils Holgersson, il adopte pour monture. Lui, ce n'est pas la Suède qu'il survole mais l'Himalaya de cette Forêt des brumes qu'il aime tant et qu'habite un peuple pacifique… Le plus souvent, Valentin choisit de voler seul et sans but précis.

L'étendue bleue du ciel correspond pour lui à une symphonie…

Depuis Noël, il n'écoute plus les blues tant aimés. Les autres lui en ont gâché le plaisir à force de s'en moquer. Le coffret des symphonies de Beethoven lui a été offert par sa mamy Nathalie. Cette musique lui apporte une énergie renouvelée à chaque écoute. Dans sa chambre, il la dirige à grands élans de baguette fouettant l'air, campé devant la chaîne. Il a lui-même confectionné son instrument : une tige de bois de section ronde qu'il a peinte en laque noire et dont il a entouré une extrémité d'un bout de ruban anti-grip afin de bien l'avoir en main.

Diriger l'orchestre, c'est pour Valentin se laisser porter par la musique et en suivre la ligne mélodique, l'harmonie, les moindres nuances, avec une précision d'horloger, ce qui lui a demandé pas mal d'entraînement. Il fait corps avec l'orchestre jusqu'à parvenir à cet état particulier où le processus s'inverse et où survient une illusion assez semblable à celle de ces images qu'on ne réussit pas tout de suite à appréhender en 3-D. Quand, d'un coup, on y parvient, un délicieux vertige s'empare de vous. Pour Valentin, c'est comme entrer dans une dimension nouvelle, une « hyperdimension » où il ne suit plus la musique : il la provoque !

L'expérience est d'une telle force qu'elle tend à s'interrompre bien des fois, pour le faire retomber dans l'état antérieur, agréable, certes, mais où il sait bien que la musique reste immuable, gravée une fois pour toutes et restituée grâce au passage du faisceau laser sur les microcavités du CD ; et qu'il ne fait que *jouer* à la diriger. Il lui faut alors se mobiliser pour atteindre une nouvelle fois « l'hyperdimension »… celle où les musiciens de l'orchestre se plient à sa baguette et font naître, grâce à lui, une musique sublime. Il est heureux, alors, il est leur chef, il est la musique…

En classe, dans ses rêves éveillés, la mémoire de la musique, qu'il connaît par cœur, l'aide à décoller et l'exalte tout le temps de son vol. Mais aujourd'hui la terre s'est remise à trembler, une secousse plus forte encore que la précédente, et Valentin n'est pas fou : il sait bien que s'envoler aux accents du deuxième mouvement de la 9e symphonie de Beethoven ne lui est qu'une consolation passagère, une illusion agréable – en aucun cas un refuge.

Les victimes des séismes vivent dans la terreur d'une secousse nouvelle. Chaque tremblement laisse derrière lui une traîne d'appréhension et d'angoisse.

ENTRETIENS AVEC BARBARA ARMANDONA (EXTRAIT)

… Alors moi, Madame… Mademoiselle, excusez-moi… je ne reviendrai pas vous voir. C'était une rencontre unique, avec moi. Mais vous n'allez pas être déçue parce qu'avant de partir, je vais vous dire la chose la plus importante de cette affaire et que probablement personne d'autre ne vous a dite ni ne vous dira. Écoutez-la bien et notez-la dans votre carnet, en la surlignant… Ce qui s'est passé cette année-là, ce que notre classe a fait subir collectivement à Valentin est dégueulasse. Parce qu'on peut toujours accabler Bastien, et je suis la première à le faire, et affirmer que, sans lui, ce ne serait pas arrivé… Il n'empêche que… et c'est cette petite phrase que vous allez noter et surligner et souligner en rouge trois fois : TOUTE LA CLASSE SAVAIT ET PERSONNE N'A RIEN DIT.

★★★

Lorsque retentit la sonnerie de midi, Valentin sent son corps devenir épais et ses gestes se ralentir. De plus, il garde des courbatures de l'agression de tout à l'heure. Il est le dernier à finir de boucler son sac. Les autres sont tous sortis, déjà. Le professeur de S.V.T. ne s'impatiente pas. Il a noté la pâleur de Valentin et le fait que tout au long du cours il a paru absent, lointain.

– Tu vas bien ? lui demande-t-il.

Valentin répond que oui, qu'il se sent juste un peu fatigué.

– Ça m'arrive tout le temps, ajoute-t-il.

– Tu fais peut-être de l'hypoglycémie, lui dit le professeur. Cela m'arrive aussi. Ça va aller mieux en déjeunant.

À sa grande surprise, Barbara Armandona l'attend dans le couloir. Valentin est à la fois réconforté de la voir et gêné par sa présence. Il ne veut surtout pas parler de ce qui est arrivé.

– Bastien est un sale con, lui dit-elle.

– Il n'est pas le seul, répond Valentin.

– Ça va ?

– Pas de problème.

Il est satisfait de sa réponse et de constater qu'il n'a pas envie de pleurer ni même de se plaindre.

– Qu'est-ce qu'on mange aujourd'hui ? demande-t-il.

– Tu sais bien, c'est le jour du poisson.

Il s'imagine traversant la cantine avec Barbara.

– Tu ne devrais pas trop traîner avec moi, lui dit-il. Tes copains vont t'en vouloir.

Il espérait qu'elle dirait « Je m'en fiche ! » mais elle lui répond :

– T'inquiète, tu sais bien que je ne mange jamais à la cantine.

Il l'avait oublié.

Elle lui dit « salut » et le plante au milieu de la cour en lui souhaitant un bon appétit.

Parvenu devant le bâtiment de la demi-pension, Valentin n'a pas la force d'en pousser la porte. Il retourne sur ses pas, indifférent à la punition qu'il encourt.

Le C.D.I. est fermé jusqu'à 13 heures. Il va attendre dans le couloir. Assis par terre, il puise bientôt au fond de son sac les barres de céréales chocolatées qu'il aurait dû prendre à la récré. Elles lui apportent un grand réconfort. Son professeur avait sans doute raison, avec cette histoire d'hypoglycémie.

Chapitre 14

Le jour de l'entretien

ENTRETIENS AVEC YVES LETALANDIER (EXTRAIT)

Permettez-moi de vous dire, en préambule, que je soutiens votre action et que j'applaudis des deux mains à la décision courageuse qui autorise votre mission et permet ainsi à des jeunes, et à des adultes comme moi, de s'exprimer librement sur ce cas avéré de harcèlement, protégés que nous sommes tous par l'anonymat que vous nous garantissez…

Sachez aussi que j'ai d'autant plus favorablement répondu à votre demande d'entretien que j'ai plaisir à revenir dans ce collège.

Mon premier souvenir marquant lié à cette

affaire est celui de l'entretien que nous avons eu, l'un de mes professeurs, la C.P.E. et moi, avec Franck Boubard, le père de la victime.

Dans mon métier, les situations de « vie scolaire » (heureusement toutes ne sont pas aussi dramatiques que le fut celle de Valentin) sont multiples et nécessitent des décisions rapides qui ne peuvent se prendre qu'après consultation des personnels. Et je puis d'autant mieux vous en parler que j'exerce aujourd'hui dans un établissement de 800 élèves où cette nécessité est encore plus prégnante !

L'entretien avec Franck Boubard, donc. Mais je vous précise qu'à ce moment-là, il n'était pas encore question de harcèlement. La situation nous échappait totalement !

– Entrez, entrez ! Soyez le bienvenu, ai-je dit quand Mme Roux-Meignan a fait entrer le père de Valentin dans mon bureau où je l'attendais avec Sophie Biolle, le professeur principal. Mais je ne vois pas votre fils… Il va nous rejoindre, j'espère…

– En fait, non, m'a répondu Franck Boubard. Valentin a refusé absolument de venir. Il a pris à témoin la C.P.E. : Je le disais à votre collaboratrice : je n'allais quand même pas le traîner par les cheveux.

– C'est très regrettable que Valentin ne soit pas venu, ai-je repris. D'un autre côté, il faut faire contre mauvaise fortune... n'est-ce pas ? Nous allons nous adapter. Adaptation, voilà un des mots-clés de nos professions. Adaptons-nous donc à l'absence de Valentin...

J'ai invité tout le monde à s'asseoir autour d'une table ronde dans un coin du bureau. Après un échange rapide de regards, Sophie Biolle a introduit le sujet de l'entretien, rebondissant sur le mot « absence » :

– Autant entrer dans le vif du sujet, Monsieur Boubard, « absence » est un mot qui va comme un gant à Valentin, à notre grand désespoir...

Franck Boubard a levé des sourcils perplexes.

– Ne vous méprenez pas, a poursuivi Sophie Biolle, il ne s'agit pas d'absence effective, si je puis dire, encore qu'il y ait un problème de retard préoccupant, mais Valentin est en cours sans y être. Il passe son temps seul au fond de la classe. Il ne suit plus, il ne s'intéresse plus... Non par manque d'aptitude, de cela nous sommes bien certains, et je parle ici au nom de tous ses professeurs... Non, il a d'excellentes capacités, il l'a prouvé au premier trimestre, mais les choses se sont dégradées, et particulièrement ces dernières semaines où votre fils n'a plus aucune motivation...

– Allons, allons, ai-je dit, n'assénons pas un discours résolument négatif à Monsieur Boubard. Le problème des retards est réglé, semble-t-il, n'est-ce pas Madame Roux ?

– Oui, tout à fait. Il y a une nette amélioration.

- La C.P.E. s'est tournée vers notre parent d'élève : Je crois que vous amenez Valentin tous les matins…

– Oui, c'est ce que j'allais vous dire… Il se trouve que je suis chez moi en ce moment. Ça ne va pas non plus durer. Je repars en… Bref, à partir de lundi je n'aurai plus la même disponibilité. Mais ma femme prendra le relais. Ça n'est pas facile pour elle, des infirmières il en manque et elle est surchargée de boulot… Elle aurait aimé venir, croyez-le bien, mais elle est débordée…

Il s'est raclé la gorge. Je percevais sa gêne : c'était un homme timide qui se tenait devant nous, un homme pudique, maniant volontiers les mots mais pour mieux s'abriter derrière.

– Monsieur Boubard, ne vous sentez surtout pas ici comme dans un tribunal, lui ai-je dit. Nous poursuivons le même but : comprendre ce qui se passe et tenter d'y remédier, pour le bien de Valentin.

Franck a acquiescé d'un hochement de tête.

– Pour tout vous dire, a-t-il lâché dans un rire

aigre-doux, je détestais l'école et ma scolarité a été déplorable. Mais, s'est-il aussitôt repris, ce n'est pas une justification, et je ne me donne surtout pas en exemple à Valentin, n'allez pas croire !

Sophie Biolle lui a souri :

– Nous ne le croyons pas… Au contraire, Valentin nous parle parfois, nous parlait plutôt, de certaines des musiques qu'il apprécie ou de ses lectures. Et notre documentaliste nous dit qu'il est un « dévoreur de livres »… Vous semblez avoir de l'influence sur le plan artistique et lui donner une belle ouverture d'esprit. Tous les enfants n'ont pas cette chance…

Franck est resté muet sous le compliment. J'en ai profité :

– En novembre ou décembre, je ne sais plus, Valentin a eu ce projet de sonneries…

– Ah oui, a-t-il souri. Il m'en avait parlé. Avec des musiques de films…

– Il a dû être déçu que nous ne donnions pas suite à sa proposition…

Franck a eu une moue dubitative.

– Je ne sais pas… Non, je ne crois pas… En tout cas, il ne nous l'a pas dit. Valentin est un garçon passionné et ses passions changent souvent… Non, honnêtement, je crois qu'il est passé à autre chose depuis… À la musique classique, ces derniers temps… Sa mamy lui a offert un coffret des symphonies de Beethoven, et il n'écoute plus que ça depuis Noël !

Sophie Biolle s'est redressée sur son siège :

– Je comprends pourquoi nous l'entendons parfois fredonner au fond de la classe… Et pourquoi son professeur d'art plastique s'arrache les cheveux de le voir reproduire sans fin le logo de la *Deutsche Grammophon*…

Franck Boubard a souri, attendri :

– À la maison aussi, il nous fait ça…

– C'est peut-être là le problème, Monsieur Boubard, ai-je risqué. Il conviendrait que Valentin fasse autre chose que rêver ou dessiner ou écouter des symphonies…

J'ai vu son sourire se figer.

– Il m'est difficile de lui interdire de lire et d'écouter de la musique…

– Je comprends bien… Mais qui vous parle d'interdire ? Il y a un temps pour tout : en particulier pour *travailler*, afin d'acquérir des connaissances et des méthodes !… C'est ce temps-là, Monsieur Boubard, que votre fils n'investit plus, ni ici ni à la maison…

Mme Roux-Meignan a discrètement consulté sa montre et Sophie Biolle a toussoté, annonçant une intervention :

– Nous tenions à vous alerter, Monsieur Boubard, sur les difficultés que nous rencontrons avec Valentin. Sans doute parce que lui-même en rencontre de personnelles…

Franck Boubard a réfléchi un instant.

– Je ne vois pas bien lesquelles, a-t-il rétorqué. Mais vous avez dit quelque chose qui m'a surpris, tout à l'heure : « Valentin passe son temps seul au fond de la classe… » Pourquoi « seul » et pourquoi « au fond de la classe » ? J'aimerais bien le savoir.

– « Au fond de la classe » parce qu'il l'a choisi, lui a répondu Sophie Biolle. Et « seul » parce que personne ne veut plus s'asseoir à côté de lui.

Franck Boubard a tiqué à ces propos.

– Ça m'étonne. Et ces copains qu'il avait avant, Bastien, Karim… Et cette fille, Alice…

Sophie Biolle s'est montrée implacable :

– Précisément : « qu'il avait avant »… Vous parle-t-il encore d'eux ? Les voit-il en dehors du collège ?

– Plus trop, c'est vrai… a-t-il reconnu. Je…

– Le problème que vous refusez de voir en face, l'a coupé Mme Roux-Meignan (et je lui ai lancé alors une œillade menaçante qu'elle a affecté d'ignorer), le problème est que votre fils s'est mis toute la classe à dos !

Franck Boubard s'est tassé sur sa chaise et la C.P.E. a enfoncé le clou :

– Le comportement de Valentin est tel qu'il a « usé » tous ses copains…

– Mais qu'est-ce que vous racontez ?

Atteint au vif par les propos de Mme Roux-Meignan, Franck Boubard s'est détourné d'elle, frappant du plat de la main sur la table.

– Allons, ai-je dit, ne nous enflammons pas ! Mme Roux a quelquefois tendance à trop simplifier.

– Je dis les choses, c'est tout. Si nous ne nous les disons pas, à quoi bon nous réunir ?

– Très bien, Mme Roux, nous vous avons bien entendue. Je disais donc… Qu'est-ce que je disais, au fait… Vous m'avez troublé avec votre intervention…

Sophie Biolle a volé à mon secours, tout en s'engouffrant à son tour dans la brèche ouverte par la C.P.E. :

– Valentin n'est pas très aimé de ses camarades. Ils lui reprochent, je crois, une certaine arrogance…

Franck Boubard a haussé les épaules, incrédule :

– Valentin arrogant !

– Et affabulateur ! s'est exclamée Mme Roux-Meignan.

– Nous ne disons pas qu'il l'est, a nuancé Sophie Biolle se démarquant de la C.P.E., mais c'est ainsi qu'il est perçu…

Un silence s'est établi que je n'ai pas laissé trop longtemps s'installer :

– Sortons de ces considérations… affectives, et revenons à l'essentiel, qui nous préoccupe tous : Valentin ne travaille plus depuis Noël.

– D'exubérant, d'extraverti qu'il était, il est devenu taciturne, renfermé, a renchéri Sophie Biolle. S'est-il passé, je ne sais pas moi, quelque chose dans sa vie, qui pourrait expliquer…

– Si vous pensez à une mauvaise ambiance à la maison, a répliqué Franck Boubard sarcastique, la réponse est non. Ma femme et moi nous entendons très bien et je vous souhaite d'avoir la même entente avec votre mari ou votre compagnon…

J'ai vu Sophie se décomposer : elle vivait à cette époque une séparation douloureuse.

– Et si vous pensez que parce que je suis musicien, c'est strass et paillettes à la maison, vous vous fourrez aussi le doigt dans l'œil… C'est bon, Valentin a déjà soupé de ce genre de préjugés l'année dernière… Et notre mode de vie en vaut bien d'autres. Valentin n'a pas de console de jeu ni de télé dans sa chambre et il ne s'en plaint pas, figurez-vous !

J'ai tenté de l'apaiser :

– Il ne s'agit vraiment pas de ça… Nous pensions à un problème de santé, par exemple…

Mais Franck Boubard était lancé :

– Il ne vous est pas venu à l'idée que le « problème » était lié au collège plutôt qu'à la maison ? Valentin est peut-être victime de brimades de la part de ses camarades…

– Impossible, a tranché Mme Roux-Meignan. Sa classe est très calme…

Sophie Biolle s'est glissée dans le propos de la C.P.E. :

– Avec une très bonne cohésion…

– Ils se sont juste laissés aller un peu trop longtemps à un jeu stupide…

– Avec une bonne cohésion ! a répété le professeur principal mais sans réussir à arracher de sourire à quiconque.

– Nous les avons punis collectivement et tout est rentré dans l'ordre, a poursuivi Mme Roux-Meignan. Je tiens à préciser, pour éviter toute ambiguïté, que Valentin n'a pas plus qu'un autre fait les frais de ce jeu.

– Un problème alors avec des plus grands, je ne sais pas moi… a lancé le père de Valentin.

– Monsieur Boubard, a répliqué la C.P.E., j'ai déjà évoqué cette question avec votre fils, et elle n'est plus à l'ordre du jour.

Franck Boubard a poussé un profond soupir. Il semblait assommé par tout ce qu'il venait d'entendre. Il s'est levé d'un coup, à la surprise générale.

– Eh bien, a-t-il dit, nous allons essayer de comprendre, ma femme et moi. Nous allons parler à Valentin, et si tout ce que vous me dites est vrai…

– Tout ce que nous vous disons est vrai, ai-je répliqué poliment mais fermement, me levant à mon tour.

Le père de Valentin a balayé l'air devant lui :

– Ce n'est pas ce que je voulais dire. Je vous crois, bien sûr ! Mais… mettez-vous à ma place…

Je ressentais son désarroi. Je me suis retenu in extremis de lui poser la main sur l'épaule pour lui manifester ma sympathie. Un tel geste aurait pu passer pour de la condescendance.

– Au revoir, Monsieur Boubard. Mme Roux, voulez-vous bien raccompagner…

– Inutile, a-t-il coupé. J'ai repéré le chemin.

J'ai attendu que le père de Valentin disparaisse au coin du couloir pour refermer la porte.

– Alors ? ai-je demandé.

– Ce n'est pas gagné, m'a répondu Mme

Roux-Meignan sans que je comprenne, ni que j'aie très envie de comprendre, ce qu'elle voulait dire.

– Valentin lui ressemble, non ? a observé Sophie Biolle. Pas seulement physiquement.

– Vous semblez bien songeur, a observé la C.P.E.

– C'est que je pense à quelque chose, lui ai-je répondu. J'ai reçu Valentin ici même, le mois dernier, vous vous souvenez ?

Elle a acquiescé.

– Eh bien, il m'a affirmé que Bastien Lange l'avait frappé ! Il s'est dédit ensuite... Mais s'il avait dit vrai ?

Sophie Biolle est demeurée dubitative.

– Cela m'étonnerait beaucoup de Bastien.

Et Mme Roux-Meignan a balayé d'une formule ma tentative d'élucidation.

– *Vous,* Monsieur, ne vous frappez pas !... Michel Mercier m'a laissé entendre, en effet, que Valentin aurait pu subir des violences dans le gymnase et que Marion, la petite Lannes, pouvait être au courant... J'ai questionné la gamine mais non, zéro sur toute la ligne : elle est bien convaincue que Valentin lui a raconté des craques. J'ai même questionné Valentin qui s'est montré très évasif. Il affabule parfois, vous le savez très bien...

Voilà, je vous ai tout dit de cet entretien calamiteux au regard de ce qui se passait réellement et de l'enfer que vivait Valentin.

J'ai été long, trop long peut-être, et il est tard, mais permettez-moi de vous confier une dernière chose.

Après que mes collègues eurent quitté mon bureau, et alors que je rassemblais mes affaires avant de rentrer chez moi, un reproche que m'avait adressé Valentin m'est revenu : « Rien de ce que je dis ne vous intéresse. Rien de ce que je dis n'intéresse jamais personne… »

J'ai vite chassé ce reproche de mon esprit comme étant sans objet. La vérité est qu'une part de moi était convaincue de la sincérité de Valentin. Simplement, je la refoulais, pas même consciemment, pour certaines raisons que je vous livrerai une prochaine fois.

Il y aura bien une prochaine fois, je l'espère, Mademoiselle ? Ah, vous me rassurez… Eh bien, je vous raconterai alors comment, après avoir fait l'autruche, j'ai réussi à me rattraper !…

VACANCES DE PRINTEMPS

Chapitre 15

Le jour de la carte postale

– Redresse-toi ! ordonne Franck à Valentin. Et ne lâche surtout pas le washboard !

– Le wishbone, rectifie le moniteur accablé, le wishbone !

Mais le poids de la voile est tel que Valentin est obligé de la lâcher. Elle s'affale le long de la planche et se remplit instantanément d'eau.

Valentin n'en peut plus de la relever, elle pèse des tonnes et il est crevé.

– J'en ai marre ! J'arrête !

De son côté, Franck ne se débrouille pas mieux. Raide sur sa planche, plié en deux, il retient en effet la voile mais ne sait plus quoi faire d'elle.

– C'est bon, décrète le moniteur. C'est tout pour aujourd'hui.

Un moment plus tard, sur la berge, il confie dans un grand rire, au père et au fils, qu'il a rarement eu des élèves aussi peu doués.

Au bord de l'étang, la température n'est pas très clémente. Ils retournent se réchauffer au gîte.

– Alors, les véliplanchistes ?

Laurence comprend tout de suite à l'expression des visages que les débutants sont loin d'être conquis.

– On est tombés sur un moniteur nul ! dit Franck avec une mauvaise foi manifeste. Aucune pédagogie !

– Et ce sport aussi est nul ! ajoute Valentin. On passe son temps à faire tomber sa voile et à en baver pour la remonter.

– Et encore, complète son père, on a eu du bol qu'il n'y ait pas de vent !... Si on allait se manger une gaufre pour se remettre de nos émotions ?

– Super ! approuve Valentin avec enthousiasme.

– Mais la douche d'abord, exige Laurence.

– Ben bien sûr, on va quand même pas y aller avec nos combis !

***

ENTRETIEN AVEC LAURENCE BOUBARD (EXTRAIT)

Autant le dire tout de suite, ni mon mari ni moi n'avons pris la mesure de ce qui se passait. Vous savez, j'ai toujours été très proche de Valentin, et Franck l'était aussi. Mais le travail de chacun nous accaparait et nous éloignait, certes différemment, de la maison. Valentin restait parfois des semaines sans voir son père, et je ne me suis peut-être pas montrée assez disponible, du fait d'avoir été moi-même entraînée dans une spirale professionnelle…

Mais si je vous parle de cela, ce n'est pas pour nous justifier. Je suis convaincue que, même si nous avions été plus présents, les choses n'auraient pas été très différentes, parce que Valentin ne nous disait rien !…

C'est fou comme on peut être capable de refuser une vérité qu'on a tous les jours devant les yeux, et comme on trouve en soi la capacité de s'en accommoder au point presque de la nier, de grandement la sous-estimer en tout cas.

Notre premier réflexe a été d'en vouloir aux enseignants et à leur principal. Vous savez, c'est vieux comme le monde : quand le message est trop dur à avaler, on s'en prend au messager.

Cela dit, le collège a une lourde responsabilité dans cette histoire. Eux non plus n'ont pas su déceler ce que dissimulait le changement de comportement de Valentin, son repli. Mais comment pourrait-on leur jeter la pierre, alors que nous avons, nous les parents, fait preuve du même aveuglement ?

Au moins, la rencontre avec mon mari au collège a-t-elle permis ce constat : Valentin était en train de couler. J'emploie exprès cette image de la noyade car j'ai une peur bleue de l'eau.

À partir de ce jour, nous avons tenté de le ramener sain et sauf sur la rive. Nous avons tout juste réussi à lui maintenir la tête hors de l'eau, et nous avons failli perdre pied avec lui.

La vérité est que nous ne pouvions pas ou ne voulions pas comprendre la nature de ce qui entraînait Valentin vers le fond. J'ai deux ou trois fois fait ce cauchemar : mon fils se noyait sous mes yeux, prisonnier de forces invisibles, que je me représentais comme une multitude de mains l'agrippant et l'attirant vers l'Innommable. Lui seul, Valentin je veux dire, était en état de nous révéler que ces mains n'étaient pas une multitude mais seulement deux et qu'un visage leur correspondait : celui de Bastien. Comment aurions-nous pu l'imaginer ?

Vous êtes psychologue, je peux vous le dire. Valentin changeait physiquement. Il n'était plus exactement un petit garçon et ses draps s'étaient ornés pour la première fois de la trace d'une « pollution nocturne », selon l'expression consacrée. Ce sont là des sujets qu'on aborde difficilement avec son garçon, en tout cas moi. Alors évidemment j'ai souffert, comme toute mère je crois, de voir que mon fils, inéluctablement, devenait un homme, et à la fois j'en étais heureuse et fière.

Les difficultés que connaissait Valentin, je les attribuais aux tourments de la puberté qui pointait, aux changements physiologiques à l'œuvre. Il n'était pas besoin d'avoir ma formation médicale pour savoir que les hormones jouent un rôle décisif sur l'humeur.

J'ai sûrement été maladroite, je n'ai sans doute pas fait ce qu'il fallait... Le fait est que Valentin se renfermait dans sa coquille d'adolescent. Je trouvais que cela venait tout de même un peu tôt, relativement à son âge, mais mon fils a toujours été précoce. Dans mon cinéma intérieur, je me projetais un film où Valentin était amoureux d'Alice, dont il ne me disait plus un mot, alors qu'elle lui plaisait beaucoup, je le savais bien. Je savais également qu'elle était proche de Bastien, et je me disais que le silence manifesté par Valentin à leur sujet (il ne parlait pratiquement plus jamais ni de l'une ni de l'autre) pouvait indiquer une blessure d'amour-propre. Oui, j'imaginais facilement que la belle Alice, amoureuse de Bastien, avait éconduit Valentin et qu'il en souffrait…

***

Ils ont finalement opté pour une crêpe, en salle pour avoir chaud. Valentin déguste en même temps un grand chocolat.

Franck et Laurence échangent un regard de connivence. Ils se réjouissent de voir le sourire revenu sur le visage de leur fils et tressauter ses épaules quand il évoque le bob démodé du moniteur de planche à voile qu'ils ont surnommé… Bob. Mais dans ce regard échangé se lit aussi la crainte que ces vacances ne constituent qu'une parenthèse.

– Il n'aime pas l'école, point barre, a dit hier Franck à sa femme tandis que Valentin s'était éloigné pour observer des poules d'eau. J'étais comme lui, je n'étais pas scolaire.

Laurence a horreur de ce genre de fatalisme.

– Et alors ? Ce n'est pas une raison pour capituler.

Franck n'a pas insisté. Elle non plus. Ils sont fatigués, tous les deux, de ces discussions vaines au sujet de Valentin. Ils se sont mis d'accord sur un point : peut-être serait-il bon de lui faire consulter un psychologue. La semaine de rentrée sera décisive.

Le lendemain, Franck propose à son fils une partie de pêche mais cela ne dit rien à Valentin.

– Alors le tour de l'étang ?

– C'est beaucoup !

Ils finissent par décider de marcher jusqu'au ponton du canal d'alimentation.

Laurence ne veut pas les accompagner, elle prétexte l'écriture de cartes postales. En réalité, cela fait longtemps que le père et le fils n'ont pas passé un moment seuls. Elle sait la relation de confiance qui les unit et en espère un bénéfice dans la situation qui les préoccupe.

C'est aussi ce qu'escompte Franck. Mais dès les premiers mètres, il sent qu'il ne va pas lui être facile de parler à Valentin. Et tous les deux ne pipent mot.

– Eh bien, finit par dire Franck, on dirait que l'esprit du « Voleur de mots » nous a ensorcelés.

Il fait référence à un conte qu'ils ont souvent lu ensemble, deux ans plus tôt. Valentin réagit à peine, juste un sourire poli, et Franck sent une crispation lui nouer l'estomac. Valentin n'est ni hostile, ni sur ses gardes. Il est tout simplement triste, et son père supporte difficilement de voir son enfant malheureux.

– Comme tu parais loin ! À quoi rêves-tu ainsi ?

Il regrette aussitôt cette question. Valentin s'est raidi.

– Papa, ne me demande surtout pas quel est le problème avec moi, parce que tout le monde me demande ça, mais moi je n'ai pas de problème. Le problème, c'est les autres.

– « L'enfer, c'est les autres », reprend Franck. C'est dans une pièce de théâtre célèbre… Mais de quels autres parles-tu, Val ? Que reproches-tu à tes camarades de classe ? Tu ne peux pas sempiternellement rendre les autres responsables de tout. Il faut que tu prennes confiance en toi, aussi, que tu ailles vers eux !

Valentin se bouche les oreilles.

– Arrête, Papa, je t'en prie ! Je n'ai pas envie de reparler de ça.

Franck est atteint par l'émotion de son fils.

– Je respecte ta volonté, reprend-il plus calmement et avec une certaine solennité. Mais promets-moi que si quelque chose de grave se produisait tu me le dirais.

Une révélation libératrice ou un silence qui enfermera davantage peuvent tenir à la simple conjugaison de deux verbes et à leur concordance. Franck n'a pas dit : « Si quelque chose de grave s'est produit, dis-le moi… »

Valentin se jure en lui-même : « S'ils recommencent, au collège, si Bastien continue à me pourrir la vie, je parlerai. »

– Je te le dirais Papa, c'est promis.

Et Franck se satisfait de la conviction et de l'accent de sincérité de Valentin.

Laurence se précipite sur son fils au retour de la promenade. Elle s'est mis en tête de lui faire envoyer des cartes postales :

– Choisis celles que tu veux.

Elle les a étalées sur la table.

– Mais pour qui, maman ? J'ai déjà mis un mot dans celle pour mamy Nathalie. À qui veux-tu que j'envoie une carte ?

– Eh bien, fait-elle semblant d'hésiter, je ne sais pas, moi, à Alice, par exemple, ou à Bastien…

– Laurence ! glapit Franck.

Valentin serre les poings mais prend le temps de la réflexion.

– D'accord, dit-il soudain, cueillant une carte, la plus moche.

Sa mère ne sait pas si elle doit se réjouir, tant la décision de Valentin est brusque. Il s'installe à la table, s'empare du stylo et se met à écrire tout en lisant à haute voix :

– « Cher Bastien, Je passe d'excellentes vacances avec mes parents et j'espère qu'il en est de même pour toi. Hier après-midi, nous avons fait de la planche à voile mais le moniteur n'était pas très sympa. Il fait plutôt beau. À bientôt au collège !… Valentin. »

– À la bonne heure, soupire sa mère. Et pour Alice ?

– C'est bon, intervient Franck. On ne va pas non plus être derrière lui chaque fois qu'il écrit à ses copains.

– Au fait, interroge Laurence, tu as l'adresse de Bastien ?

– Je ne connais pas le numéro, mais c'est rue de la Colombe.

– Mets bien le code postal, surtout.

Un peu plus tard, Valentin demande s'il peut aller poster les cartes.

– Oh, lui dit sa mère, te voilà pressé, maintenant. Avec toi, c'est tout l'un ou tout l'autre !… La levée est passée.

– Tant pis. Comme ça, ça sera fait.

En chemin, il place la carte de Bastien au-dessus

des autres. Elle est vraiment moche. Elle représente l'étang dans un médaillon, photographié d'avion ou d'hélicoptère.

Arrivé devant la boîte, Valentin jette toutes les cartes par la fente, sauf celle de Bastien qu'il s'apprête à déchirer. Au dernier moment, il se ravise. Rien ne déplaira davantage à Bastien que de recevoir une telle carte postale !

Il la propulse dans la boîte à la suite des autres, avec un plaisir aigre.

Sur le chemin du retour, l'inquiétude le submerge. Pourquoi a-t-il agi ainsi ? Aux vacances de Noël, il avait adressé un message enregistré et le résultat avait été catastrophique. Bastien voudra se venger de cette carte postale, c'est certain. « Et alors ? se répond Valentin dans le dialogue silencieux avec lui-même. Il se venge déjà, même de ce que je ne lui fais pas. »

TROISIÈME TRIMESTRE

Chapitre 16
Le jour du caillou

La passerelle depuis laquelle Bastien et Karim crachaient sur Valentin au mois de janvier a été réparée au cours des vacances de printemps. La structure métallique reste la même, mais les lattes de bois ont été remplacées par un revêtement en résine.

Au moment où Valentin, en ce lundi de rentrée, s'apprête à passer en dessous, Bastien le hèle de là-haut.

– Salut connard ! Et ces vacances ? Ç'avait l'air chouette. Viens me raconter !

Il n'y a aucune raison pour Valentin d'aller sur la passerelle. Bastien, lui, arrive de son quartier et l'emprunte par nécessité. Quant à Valentin, rejoindre Bastien lui imposerait de revenir sur ses pas et d'accéder à la passerelle par la venelle de l'Ormeau. Un trop long détour. Cela signifierait surtout : se jeter dans la gueule du loup.

N'obéissant pas à l'injonction de Bastien, Valentin poursuit sa route. Surtout, dissimuler la peur en gardant la même allure, en ne montrant pas de hâte. Au-dessus de sa tête, il entend Bastien changer de côté et Valentin se met malgré lui à courir, anticipant un crachat. Le caillou, lancé habilement l'atteint à l'occiput. Valentin pousse un cri de douleur.

Il se retourne, quêtant des témoins, mais le quartier est désert. Valentin s'est volontairement organisé, ce matin, refusant que sa mère l'accompagne, partant tôt pour donner le change, et ralentissant volontairement afin d'arriver au collège le plus tard possible pour échapper aux moqueries devant la grille. Il réalise avec amertume que sa stratégie a échoué et que Bastien a choisi de l'attendre ici, au risque d'arriver lui aussi en retard.

Dans un élan de révolte, Valentin ramasse le caillou et arme son bras. Il met toute sa force, mais le jet perd de sa puissance dans la hauteur. Bastien se déplace de deux pas et cueille adroitement le morceau de silex au vol, comme si le lanceur n'avait fait que le lui restituer. Il menace aussitôt de le projeter une nouvelle fois sur Valentin qui se sauve en courant.

Le chemin n'est évidemment pas le même suivant que l'on traverse la passerelle ou que l'on passe en dessous. Les deux itinéraires se rejoignent à une cinquantaine de mètres de l'entrée du collège.

Valentin a beau se hâter, il sait que la distance que doit parcourir Bastien est la plus courte. Cependant, l'autre n'est pas encore là quand Valentin parvient aux abords du collège. Il est possible qu'il se cache dans un renfoncement. C'est effectivement le cas. Bastien, sans surprise, jaillit du coin d'une maison :

– T'en as mis du temps ! Et tu saignes comme un goret !

Valentin se passe la main dans les cheveux. Du sang poisse sous ses doigts. Bastien sort un mouchoir en papier de sa poche.

– Tiens. Appuie là où ça fait mal, ça va s'arrêter.

Valentin n'a pas besoin de s'interroger longtemps sur la soudaine sollicitude de Bastien pour comprendre que son persécuteur craint d'être allé trop loin.

– Je vais le dire, assure Valentin aussi calmement que possible et refusant le mouchoir de Bastien pour prendre un des siens. Je vais le dire que c'est toi qui m'as lancé un caillou du haut de la passerelle.

– Je vais le dire, je vais le dire ! singe Bastien.

– Ils seront obligés de me croire.

– C'est ça, dit Bastien, et moi je leur parlerai de ta petite coquillette à la sauce blanche.

Valentin sent son ventre se nouer. Inconsciemment, il ralentit le pas.

– Ben oui, continue tranquillement Bastien. Je leur dirai que tu te tripotes la nouille au fond de la classe pendant les cours.

– C'est même pas vrai ! se défend Valentin.

– Oh, moi, tu sais, je ne fais que répéter ce qui se raconte dans la classe… Alors, ça te fait quoi, quand tu jutes ? Tu te sens décoller ?

Le verbe « juter » n'est pas dans le vocabulaire de Valentin et il ne comprend pas précisément ce que lui reproche Bastien. C'est le verbe « décoller » qui le met le plus mal à l'aise, comme si Bastien avait la capacité de s'introduire dans son esprit pour l'espionner quand il s'envole ou dirige une symphonie.

Ils se taisent jusqu'à la grille qu'ils franchissent ensemble.

Valentin appuie toujours un mouchoir en papier sur son crâne et le regarde de temps en temps. Il saigne encore un peu.

Un instant plus tard, quand la classe se range à son emplacement, Jérôme Meignan observe Valentin se tamponner les cheveux.

– Que t'arrive-t-il ?

– Je me suis reçu un caillou, répond Valentin pris de court.

– Tu commences bien le trimestre. Et qui te l'a lancé ?

Valentin sent ses jambes se ramollir et sa gorge se serrer à étouffer.

– C'est personne, réussit-il à articuler.

Autour, quelques rires éclatent.

– « "Quel mal t'accable, Polyphème ?" », récite le professeur. « "Serait-ce qu'on te tue par ruse ou par force ?" Et du fond de l'antre, le grand Polyphème répondit : "Par ruse et non par force, amis ! Mais qui me tue ? Personne !" . »(1)

– C'est un caillou tombé du ciel, rigole Karim.

– C'est moi, dit Valentin. Je me suis fait ça tout seul.

– Tu t'es lancé un caillou sur la tête ? questionne Jérôme Meignan avec le masque de l'incrédulité.

Bastien a senti le danger. Il ne s'est pas mêlé à la conversation jusque-là, n'a pas ri avec les autres. Il s'approche :

1. D'après la traduction de *L'Odyssée* de Philippe Jaccottet (La Découverte, 1982)

– On est arrivés ensemble, Boubard et moi. On était en retard. On a pris le raccourci interdit du côté de la venelle de l'Ormeau, il s'est relevé trop tôt et paf, la poutrelle métallique !

Jérôme Meignan ne connaît pas le quartier et peine à se représenter la scène mais l'explication lui suffit.

– Tu veux aller à l'infirmerie ? demande-t-il à Valentin.

– Je peux l'emmener, si vous voulez, intervient Bastien.

– Nan ! Ça ne saigne presque plus.

En classe, Valentin et les autres se dirigent sans réfléchir vers leur emplacement habituel.

– Eh non ! s'amuse Jérôme Meignan. On change de place à chaque trimestre, je vous le rappelle…

Valentin avance d'un rang et va se placer côté cloison. Personne ne vient s'asseoir à côté de lui.

– Eh non ! répète Jérôme Meignan à la seule intention de Valentin, cette fois. Hors de question que tu repasses un trimestre seul… Allons, un volontaire pour se placer à côté de Valentin Boubard. Il ne mord pas, il n'a pas la peste que je sache, il s'est juste un peu cabossé la cafetière.

Valentin se force à rigoler pour se mettre au diapason de la classe, souhaitant confusément, et redoutant à la fois, que quelqu'un accepte d'être son voisin. Les filles se regardent, hésitantes, et pas une ne prend de décision.

– Eh bien, si personne ne se porte volontaire, reprend Jérôme Meignan, je vais en désigner un… Bastien !

– Ils étaient déjà ensemble au premier trimestre ! fait remarquer Barbara.

– C'est vrai, je l'avais oublié. Mais justement, il me semble qu'en ce temps lointain Valentin était stimulé dans son travail.

– Alors ne changeons pas une équipe qui gagne, soupire Bastien attestant ainsi avec humour de sa bonne volonté et se levant pour aller rejoindre Valentin.

– Eh non ! lance pour la troisième fois Jérôme Meignan. C'est Valentin qui va se rapprocher de toi, pour être plus près du tableau…

– Et moi, alors ? proteste Lionel.

– Eh bien toi, tu vas prendre sa place. Ainsi isolé, tu bavarderas moins. Elle n'est pas belle, la vie ?

Valentin, visage fermé et crispé autant que Bastien se montre détendu et avenant, vient s'asseoir au quatrième rang. Aussitôt Bastien lui demande, assez fort pour être entendu de tous, et indiquant son crâne :

– Tu es bien sûr que ça va ? Tu ne veux pas que je t'emmène à l'infirmerie ?

Valentin repousse son bras.

– Pas la peine, lâche-t-il d'une voix blanche. Ça ne saigne plus.

– C'est bon ? demande le professeur. Chacun a trouvé sa juste place ? Eh bien, il est grand temps de nous mettre au travail.

Dans le court instant où le silence n'est pas tout à fait revenu, Bastien saisit la jambe de Valentin et la serre :

– Ne t'avise plus jamais de m'envoyer une carte postale, connard !

***

ENTRETIENS AVEC BARBARA ARMANDONA (EXTRAIT)

« Entretien unique », vous avais-je annoncé… Eh bien, celui-ci sera unique aussi, et voilà tout ! Si on s'en tenait toujours à ce qu'on a dit, on n'avancerait pas dans la vie, vous ne trouvez pas ? Mais je ne vais pas abuser de votre temps…

Je suis revenue parce que j'ai été prise de remords… Je suis une adolescente très morale, vous avez remarqué ?

La dernière fois, je suis restée dans des généralités, je ne suis pas vraiment entrée dans le concret, dans le quotidien. J'ai déroulé de grandes phrases (et même une petite que je vous ai dit de noter…) et, du coup, je me suis perdue dans des considérations théoriques avec analyse gratuite de la situation.

J'ai réfléchi depuis… L'analyse, ce n'est pas à moi de la faire. C'est vous qui êtes payée pour ça, non ? Oui, je suis assez intelligente comme fille, contente que vous vous en rendiez compte, ce n'est pas si souvent… En plus, je ne me prends pas trop au sérieux, n'est-ce pas, et j'ai un humour fou. Et beaucoup d'humilité. Que demander de mieux ? Une fille en or, je vous dis ! Dommage que pas un garçon ne s'en soit encore aperçu…

Je serais étonnée que Bastien vous ait dit la vérité. Moi, ça ne me gêne pas de balancer à son sujet vu que j'ai été témoin de certaines choses plutôt… moches… et je me demande bien pourquoi je les cacherais…

Oui, c'est vrai, j'aurais pu les révéler il y a deux ans. Mais c'est plus facile à dire qu'à faire.

Regardez Valentin, il n'a rien dit lui non plus, alors qu'il était la principale victime…

Moi ? Non, je ne me considère pas comme une victime… J'ai dit « principale » sans réfléchir. Valentin était le seul de la classe à subir le harcèlement. Bastien m'a quelquefois cherchée, mais ça n'a rien à voir… Si vous voulez absolument que je me définisse d'un mot… eh bien je dirais que j'ai été… une observatrice, oui, c'est ça, une observatrice…

Oh, vous ne laissez rien passer, vous !… Je n'ai pas fait qu'observer, en effet, j'ai quelquefois participé, surtout au début de l'année… C'était tellement facile de chambrer Valentin, il aurait fallu être une sainte pour ne pas succomber à cette tentation.

C'est seulement au milieu du deuxième trimestre, quand je l'ai vu se replier, se rabougrir, se racornir, que j'ai réalisé. Ce qui avait pu passer un temps pour une joyeuse mise en boîte avait insensiblement basculé dans autre chose. Je n'ai pas été la seule, notez, beaucoup se sont dissociés de Bastien à ce moment-là. Pour autant, on ne s'est pas franchement rapprochés de son souffre-douleur…

Valentin, malgré ses fanfaronnades du début, je l'ai toujours considéré comme un grand timide et j'ai une théorie sur les timides : il y en a de deux sortes : ceux que vous brûlez d'envie de consoler et ceux que vous finissez par mépriser. Valentin appartenait à la seconde catégorie, il était d'une timidité repoussante, qui a fini par faire le désert autour de lui.

Pour moi, tout a basculé le jour d'une punition collective… Vous êtes déjà au courant, je me doute… Je crois que j'ai été une des rares, peut-être même la seule, à ne pas croire que Valentin nous avait balancés au sujet de ce jeu stupide de bousculades dans les couloirs.

Quand ils lui ont fait sa fête à l'étage des troisièmes, j'ai refusé d'en être. Je n'ai pas été la seule. Très peu ont participé, je pourrais vous donner les noms.

Dans la cour de récré, j'ai guetté leur retour. Ils n'ont pas tardé et j'ai compris que le règlement de compte avait été bref et intense, à en juger par les mines à la fois réjouies et inquiètes des justiciers. Inquiètes, parce que leur condamné n'a pas reparu de la récré.

Je suis très sensible aux erreurs judiciaires et, même si je ne suis pas ici pour raconter ma vie, sachez qu'il m'est arrivé de subir des jugements, disons… très… partiaux…

Le fait que Valentin tarde à revenir m'a

inquiétée pour lui et, je dois le dire aussi, égoïstement pour moi. Il avait dû dérouiller grave et je me suis demandé comment ça allait finir. J'imaginais Valentin en sang, contusionné, tuméfié de partout, se traînant en rampant jusqu'au bureau de la mère Meignan et balbutiant la première syllabe du nom de son bourreau : « Ba… Ba… Ba… » avant de sombrer dans le coma, et la C.P.E. s'écriant : « Barbara ! J'aurais dû m'en douter ! » Bon, j'en rajoute un peu, mais c'est vrai que j'ai eu une inquiétude de cet ordre.

C'était très cinéma, pour moi, cette récré, très « thriller ». Je n'osais pas m'approcher de Bastien, Alice et leur clique, dont je m'étais désolidarisée dans le couloir. Ça me démangeait pourtant de savoir ce qu'ils racontaient. Très vite la rumeur a circulé : ils n'avaient pas frappé Valentin, ils l'avaient humilié. Personne n'a prononcé le mot, n'allez pas croire, pas même moi ! C'est après coup qu'on peut employer des mots comme « humilier », si précis et lourd de sens, et encore, il faut avoir un peu grandi. Moi, je n'étais qu'une gamine et cette rumeur au sujet de Valentin à poil dans les chiottes, la zigounette ratatinée par la peur, elle m'a fait rire aussi, faut pas se raconter d'histoires.

Après j'ai eu honte en le voyant revenir en

classe, parce que ça voulait dire qu'il n'était pas allé dénoncer ses bourreaux, même pas allé se plaindre à l'infirmière.

Cette honte, on l'a tous ressentie, j'en suis sûre. Mais certains, ça les a encore plus remontés contre Valentin. Ils l'ont trouvé minable, sans fierté, de se pointer misérablement en classe comme si rien ne s'était passé, prêt à tout effacer… Le plus virulent fut Bastien. Je me rappelle l'avoir entendu dire des insanités que je n'ai même pas envie de vous répéter.

Et c'est ce jour-là que j'ai commencé à aimer Valentin.

Chapitre 17

Les jours de tourment

Bastien ne se sépare pas de son morceau de silex. De temps à autre, il le sort de sa poche et le tient dans son poing serré, ne laissant dépasser qu'une extrémité avec laquelle il s'amuse à « rayer du Valentin » : ses classeurs, ses livres, ses vêtements. D'autres fois, il frappe au niveau du bras ou des omoplates, déclenchant une douleur aiguë.

Valentin encaisse. Quand la révolte gronde en lui et qu'il est au bord de craquer, Bastien le perçoit instantanément et s'arrête toujours à temps.

Les cours d'E.P.S. sont les pires moments pour Valentin. Sous couvert de sport et de jeu, Bastien lui balance des coups de pied dans les tibias, des coups de coude dans l'estomac. Il ne le fait pas systématiquement. Le plus souvent, il se contente de menaces, encore plus efficaces parce qu'elles entretiennent Valentin dans la terreur. Raffinement supplémentaire, Bastien n'a même pas besoin de les proférer, ces menaces, elles sont là de fait. Un regard lui suffit pour se faire comprendre.

À chaque récréation du matin, un rituel se déroule :

– Qu'est-ce que tu nous as apporté, aujourd'hui ?

Bastien, Karim et Xavier se répartissent les barres de chocolat ou les cookies, les Prince de Valentin. Il est obligé de prévoir grand pour les trois autres. Sa mère trouve qu'il mange trop. Il a piqué quantité de petits gâteaux dans le garde-manger et elle a fini par s'en apercevoir. Du coup, il s'est organisé pour se constituer lui-même sa réserve. En revenant du collège, il se rend à Champion et en profite aussi pour se racheter les fournitures scolaires que Bastien lui vole ou lui abîme. Quand il a dépensé trop tôt l'argent de sa semaine, il en vole dans l'ancienne boîte à bijoux reconvertie en range-monnaie où traînent toujours des pièces d'un ou de deux euros dont se débarrassent ses parents.

La répartition des goûters s'effectue « sans

haine ni violence », comme s'en vante Bastien, et, du dehors, ils ont l'air de quatre bons amis partageant leurs provisions.

Les épaules de Valentin se redressent au fil des jours, le poids de la peur quotidienne s'allège depuis que ce rituel a été instauré. Toute la semaine, les autres ont bavardé de choses et d'autres, c'était souvent intéressant, et il les a écoutés. Personne ne l'a agressé, pas même Bastien. Si le prix de la tranquillité consiste en l'apport régulier de sucreries, il s'en accommodera. Aussi, quand la discussion vient sur l'argent de poche, Valentin, relâchant la garde, se laisse-t-il aller à une confidence :

– Mon père n'est pas souvent à la maison mais quand il revient, il vide ses poches dans une boîte, les pièces, les billets…

– Les billets ? s'étonne Karim. De combien ? de cinquante ? de cent ?

– Quand même pas !

Valentin tente de minimiser mais le cœur n'y est plus. Un signal d'alarme s'est déclenché dans sa tête.

– Karim et moi, on est un peu justes, a fini par lâcher Bastien les yeux dans le vague. Ce qui serait cool, c'est que tu nous dépannes de vingt euros.

Valentin ne répond rien. La dernière bouchée de son biscuit a pris une saveur amère.

Bastien jette un coup d'œil alentour pour s'assurer que personne ne regarde et frappe d'un coup sec la rotule de Valentin avec son caillou.

Valentin grimace, ravalant un cri et se masse longuement le genou.

– Je vais voir ce que je peux faire, promet-il. Mais ne frappe pas si fort !

– Chacun, précise Bastien. Vingt euros chacun. Et toi, Tchavi ?

– Moi, c'est impossible, répond précipitamment Xavier. Mes parents planquent leur argent, je veux dire ils le gardent toujours sur eux.

Bastien éclate de rire :

– Mais non, banane ! Combien tu veux que P'tite Nouille t'apporte ?

– Oh, rien, répond Xavier légèrement rougissant. Une barre de Twix, moi, ça me suffit.

***

ENTRETIENS AVEC BARBARA ARMANDONA (EXTRAIT)

J'ai donc du concret à vous communiquer, du quotidien, pas de la théorie. Bastien, à cette lointaine époque, était le roi du quotidien. Avec Valentin, je veux dire. Le roi du harcèlement, de la persécution qui ne se voit pas… Le roi des tourments.

Je vais vous parler de ce qui se passait en classe, parce que j'étais bien placée pour le voir. Le jour de rentrée après les vacances de printemps, le prof de français a insisté pour que nous changions de voisin et il a choisi de remettre Valentin à côté de Bastien, soi-disant pour que le félicité et brillant élève stimule par son exemple le désolant et triste cancre que se révélait Valentin. Le prof ne l'a évidemment pas dit, ni probablement pensé comme ça, n'empêche que c'est ainsi que nous l'avons tous entendu, et on peut s'interroger, vous ne trouvez pas, sur la perspicacité des adultes censés nous comprendre et nous éduquer !

Et pour être stimulé, Valentin l'a été. Par Stimulator en personne. Persecutor. Et il m'arrivait d'être fascinée par le talent de dissimulateur (Dissimulator !) de Bastien. Il y aurait de quoi chauffer la ville pendant dix ans avec les crayons à papier qu'il sortait négligemment de la trousse de Valentin et qu'il ne lui rendait qu'après les avoir brisés en deux. On pourrait caler toutes les vieilles armoires bancales de la région avec les gommes « empruntées » à Valentin et restituées à leur propriétaire débitées à coups de ciseaux, en deux ou quatre morceaux.

Si l'encre pouvait faire avancer les voitures, on roulerait jusqu'à la fin des jours avec le contenu des cartouches que Bastien vidait dans les affaires de Valentin, dans sa trousse, dans son cartable, dans ses poches, dans son cou…

Il avait l'art de s'arrêter au bon moment pour n'être pas pris en faute. Jamais rien de trop. Et surtout, sa victime ne protestait pas, ne protestait plus.

J'ai assisté un jour à une scène ahurissante. Au cours d'un interclasse, ou d'une pause, peut-être, avec le professeur qui s'était absenté cinq minutes, Bastien a ordonné à Valentin de ramasser tous les papiers qui traînaient sous les tables. C'était le genre de consigne qu'aurait pu nous donner un enseignant ou la C.P.E. Valentin s'est exécuté sans protester, et tout le monde, y compris lui, avait l'air de trouver ça normal.

Bastien avait réussi à le soumettre, et à soumettre les autres aussi dans le silence, la complicité plus ou moins active. Il tenait Valentin à sa merci. Il n'avait qu'à prononcer le mot « nouille » ou « coquillette » et Valentin rougissait et bafouillait un « arrête » suppliant. Quand Bastien, grand seigneur, consentait à l'épargner, Valentin lui lançait un regard servile, mouillé de reconnaissance.

Je caricature à peine. J'en ai voulu à Valentin de se comporter ainsi. Aujourd'hui, avec le recul, je ne le juge plus. Je sais qu'il n'avait pas le choix. Bastien avait pris un ascendant terrifiant sur lui. Mais il m'arrive de penser que cette soumission dans laquelle se plaçait Valentin avait pour effet d'encourager son bourreau. Et si je vous ai dit, la dernière fois, que sans Bastien rien de tout ça ne serait arrivé, il faut bien reconnaître que sans Valentin non plus !

Mais voilà que je me remets à analyser…

Revenons aux faits. Il m'en reste un à vous rapporter. Tout ne se passait pas au vu et au su de la classe. En artiste de la dissimulation, Bastien savait ce qu'il pouvait se permettre devant les uns ou les autres. J'ai surpris par hasard une conversation entre lui et sa victime. En fait de conversation, Bastien était seul à parler. Il demandait à Valentin s'il avait « le fric ». Et un billet a circulé de la main de l'un dans celle de l'autre. Un assez gros billet, le bleu, celui de vingt euros.

J'ignorais par quel chantage Bastien obtenait cet argent et peut-être cela ne s'était-il produit qu'une fois, mais quoi qu'il en soit, ce jour-là, il rackettait bel et bien sa victime.

Je me suis arrangée pour me trouver seule à seul avec Valentin. Je lui ai parlé de ce billet de vingt euros que j'avais vu de mes yeux. Il a très mal réagi, l'animal, et je peux vous dire que je n'ai pas digéré, si j'ose dire, le coup de savate qu'il m'a balancé dans le tibia, accompagné d'un « Mêle-toi de tes affaires, connasse ! »

Ça aussi vous pouvez le noter dans votre précieux carnet : il n'y a pas plus salaud, parfois, que la victime.

Bon, j'accorde à Valentin deux circonstances atténuantes : il se voyait des ennemis partout, et je ne lui avais pas encore dit que je l'aimais.

★★★

Valentin, réfugié dans sa chambre, échappe au contrôle de sa mère. Laurence Boubard a modifié ses horaires de travail. Elle assure des permanences de nuit à l'hôpital pour être davantage présente à la maison. Elle est pleine de sollicitude envers Valentin. Elle lui propose tous les jours de l'emmener au collège, d'aller le chercher. Il refuse systématiquement. La simple idée qu'elle puisse le surprendre en compagnie de Bastien lui fait froid dans le dos. Il est persuadé que sa mère comprendra instantanément la nature de leur relation.

Les mères se mêlent de tout. Il lui a reproché d'avoir changé ses horaires. Il lui a dit qu'elle allait s'user la santé à faire des nuits. La vraie raison de son reproche est qu'il est moins libre. Voler de l'argent est devenu impossible et Bastien s'impatiente.

Lorsque Valentin revient du collège et que sa mère le regarde pour savoir comment il va, il se sent mal, il se sent sale, il se sent nul, il a l'impression que toutes ses petites lâchetés et ses mensonges de la journée se lisent à livre ouvert sur son visage. Alors il se renfrogne, boude, se met parfois en colère pour une bricole. Elle essaie de le faire parler, obsédée qu'elle est par son travail scolaire. Il ment avec aplomb, il dit que tout va bien, que la prof de maths trouve qu'il progresse…

– Alors pourquoi fais-tu cette tête ? l'interroge-t-elle. Qu'est-ce que tu me reproches, à la fin ?

Il s'enferme dans sa chambre en claquant la porte.

– Et il faut que nous reparlions de ce rendez-vous avec un psychologue ! crie-t-elle pour qu'il l'entende. Tu devais y réfléchir, et tu ne m'as toujours pas dit si tu étais d'accord…

***

ENTRETIENS AVEC BASTIEN LANGE (EXTRAIT)

Oui, Alice avait bien fait de vous dire que je ne reviendrais pas. Elle ne vous a pas menti. Je ne devais pas revenir… Le problème, c'est que j'ai appris entre-temps que vous receviez Barbara Armandona. Alors je voulais vous prévenir. Cette fille est une menteuse professionnelle, elle en rajoute toujours et je vous conseille de beaucoup vous méfier d'elle…

Vous a-t-elle parlé de ma chute dans l'escalier ? Non ? Je l'aurais parié ! Eh bien je vais vous en parler, moi. J'aurais pu mourir ce jour-là. C'est Boubard qui m'a poussé, et ça, elle ne vous le dira sûrement pas. Je descendais tranquillement devant eux et il m'a poussé dans le dos. Ou peut-être elle, allez savoir. Elle s'était entichée de lui et l'a collé toute la fin de l'année. Je ne suis pas certain que ça plaisait à Boubard, je suis même sûr du contraire : il était toujours amoureux d'Alice, alors Barbara, petite et moche comme elle était, insignifiante et plate comme elle est restée, ce n'était pas son genre. Ils se sont bien trouvés, ces deux-là… Grosse-Miche et Planche-à-pain… Elles ne vous font plus rire, mes vannes ?

... Non, je n'ai pas changé d'avis. Je voulais vous dire au revoir, c'est normal. C'est la moindre des politesses. Je ne suis pas un sauvage.

Et puis je voudrais savoir, aussi : je suis venu deux ou trois fois ici au C.D.I., j'ai répondu à toutes vos questions. Je vous ai fait confiance. D'une certaine manière, je vous ai donné un peu de ma vie... Non, non ! Ce n'est pas ce que je veux dire, je ne regrette rien, la question n'est pas là. Mais vous... comment dire... qu'est-ce que vous me donnez en échange ? En plus, si vous écoutez des filles comme Armandona, à quoi ça va nous mener ?

Et puis, avec mon père, on voudrait être sûrs à propos de votre... « enquête » ? Qu'allez-vous faire des informations que vous recueillez auprès des quelques « volontaires anonymes » qui, comme moi ou Alice, ont accepté de vous parler ? À quoi tout cela va-t-il servir ? À qui ? Ce sont les questions qu'on se pose. Je vous avais demandé, déjà. Vous ne m'avez pas clairement répondu... Non, je n'ai pas peur ! Pourquoi me demandez-vous toujours ça ? De quoi devrais-je avoir peur ?

Donc, c'est un « mémoire » que vous rédigez... Moi ça m'est égal. Du moment que j'ai votre parole que vous ne mettrez pas nos vrais noms. Et que vous ne nommerez pas non plus le collège, voilà c'est tout ce que je voulais savoir, c'est normal… Oui, d'accord avec vous…

Vous savez, « harcèlement » ça veut tout et rien dire… Ce qui est plutôt rassurant, c'est que vous enquêtez comme ça dans tous les collèges… Oui, le mot est mal choisi, ce n'est pas ce que je voulais dire… Il ne s'agit pas de banaliser, d'accord avec vous… Mais il y a toujours eu des conflits d'école avec les faibles qui se laissent dominer et les forts qui abusent de leur force…

J'aurais pu porter plainte pour avoir été poussé dans l'escalier. J'aurais pu dénoncer Boubard et Armandona. Je ne l'ai pas fait. De toute façon, c'était perdu d'avance. Letalandier et les profs ont toujours été de son côté. Voilà, ce que j'étais venu vous dire. Je ne crois pas que nous nous reverrons… Non je suis pas en colère ! Arrêtez, à la fin, et laissez-moi vous dire : quoi que vous puissiez penser et écrire, je serai toujours plus près de la vérité que votre putain de mémoire !

***

Valentin n'écoute plus Beethoven, il n'écoute presque plus de musique. Il a cassé sa baguette de chef à la façon dont Bastien lui casse ses crayons. Il ne lit pratiquement plus. Il n'y parvient pas. La concentration n'est pas au rendez-vous. Son esprit s'évade.

Un seul livre l'occupe. Il est retombé dessus par hasard. C'est le roman dont son père lui avait récité la fin par cœur, un matin d'octobre, au bord de la Vionne, avec ce couple d'obèses pêchant dans leur canapé à la lumière de leurs lampadaires...

Valentin aime beaucoup le début aussi : « *J'ignorais, cet après-midi-là, que la terre attendît de se changer à nouveau en tombe quelques brèves journées plus tard. Dommage que je n'aie pu arrêter la balle dans sa course et la remettre dans le canon de la 22 long-rifle pour qu'elle reparcoure en sens inverse la spirale, réintègre le chargeur et se resolidarise avec la douille, se conduise enfin comme si on ne l'avait jamais tirée ni même chargée dans la carabine* . »(1)

« C'est l'histoire d'un enfant qui tue accidentellement un de ses copains », lui avait révélé son père, vendant la mèche, et Valentin, un peu tremblant, s'était précipité dans cette lecture où, dès les premières lignes, le narrateur précise que, lorsqu'il avait une douzaine d'années, il a fait sans le savoir le mauvais choix en achetant ces balles de 22 long-rifle

1. *Mémoires sauvés du vent*, de Richard Brautigan, traduction de Marc Chénetier (Christian Bourgois éditeur).

pour sa carabine, plutôt qu'un bon hamburger…

Le roman, cependant, lui était tombé des mains parce que le récit se perdait bien vite en considérations de toutes sortes, retardant trop longtemps la relation de l'accident. « Hors piste ! » aurait écrit Jérôme Meignan en vert dans la marge…

Pourtant, lorsqu'il a retrouvé le bouquin par hasard, Valentin s'y est replongé presque fébrilement, dans la nécessité de découvrir la scène en question qu'il a fini par dénicher page 145.

Après un enchaînement terrible de circonstances, le gamin vient de tirer accidentellement sur son ami et celui-ci agonise, se vidant de son sang :

« *David était assis par terre et se tenait le haut de la jambe droite avec les deux mains, du sang jaillissait en jets réguliers entre ses doigts. Il avait le visage très pâle et ses traits étaient empreints d'une expression rêveuse, comme s'il venait de se réveiller, ou comme s'il s'endormait peut-être.* »

Les larmes ont jailli à cette lecture. Un sentiment poignant de tendresse et de pitié a envahi Valentin.

« – *Tu m'as tiré dessus, dit David.*

Sa voix était très lointaine.

– *Ça a l'air moche.* »

Valentin lit et relit ces pages, bouleversé chaque fois par la dignité de David, et le fait qu'il n'adresse aucun reproche à son ami.

Allongé sur son lit, Valentin s'imagine qu'il est David et que son assassin est Bastien. Mais pas le Bastien de tous les jours : un Bastien devenu sensible et qui réalise enfin qu'il s'est mal comporté. Valentin invente, autour de la situation et des dialogues du roman qu'il s'approprie. « Je ne t'en veux pas », dit-il à Bastien. Et l'autre pleure d'avoir agi comme il l'a fait tout au long de l'année et le supplie de lui pardonner.

D'autres fois, Valentin inverse le scénario. Il est le narrateur, le meurtrier accidentel, et c'est Bastien qui perd son sang par saccades. « Tu l'as bien cherché, non ? » lui dit durement Valentin. Et Bastien comprend avant de mourir qu'il ne s'agissait pas d'un accident.

Si seulement Bastien pouvait mourir !

Dans cette version de son rêve éveillé, le dénouement est conforme à celui du livre :

« *Le tribunal m'acquitta de toute accusation de négligence ayant conduit à l'homicide.* »

Valentin sait qu'il ne tuera jamais Bastien d'un tir de carabine, de celles qui sont en vente libre aux États-Unis où, de temps en temps, un collégien devenu fou provoque un massacre.

Ce n'est pas un massacre que veut provoquer Valentin. Une vie à supprimer. Une seule.

« La mienne », songe-t-il aussitôt. Ce n'est pas qu'il veuille mourir, exactement ; mais *être mort*, ça oui, sûrement. Il en a envie.

Chapitre 18
Le jour du couteau (1)

Depuis quelques jours, les maux de ventre qui tourmentent Valentin sont devenus plus fréquents et surtout plus violents. Quoi qu'il mange, même un simple morceau de pain lui pèse sur l'estomac et déclenche dans le quart d'heure l'envie d'aller aux toilettes.

Les W.-C. du collège sont assez nombreux mais pas toujours très propres et la plupart des élèves les fréquentent le moins possible. Valentin est de ceux qui les évitent le plus.

Quand il ne peut faire autrement que s'y rendre, il élabore chaque fois une stratégie afin d'éviter que Bastien ne le repère. Ce sont parfois des courses solitaires dans un couloir, au risque de se faire réprimander par un surveillant, uniquement pour atteindre une cabine où il pourra se soulager à toute vitesse.

Si, pour une raison ou pour une autre, il n'a pas réussi à s'isoler ou s'il n'a pas voulu en prendre le risque, le cours suivant est une véritable torture pour son ventre. Il lui est arrivé de lâcher un pet sonore qui a aussitôt suscité l'hilarité et les railleries. Le professeur d'histoire et géographie a calmé la classe et recommandé à son élève de se rendre aux toilettes, pour se prémunir de toute récidive... Quand Valentin est revenu, beaucoup se sont bouché le nez et Karim a émis un bruit de pet en soufflant sur le dos de sa main à la manière d'un trompettiste, ce qui lui a valu d'être exclu de la classe.

À la fin du cours, Bastien a reproché à Valentin d'être le responsable direct de la sanction de son ami.

– Tu vas payer pour ça.

***

ENTRETIENS AVEC YVES LETALANDIER (EXTRAIT)

Les événements qui se sont enchaînés au cours de la dernière semaine de mai ne m'ont pas totalement surpris. Je vous l'ai dit, les deux entretiens que j'avais eus, le premier avec

Valentin et le second avec son père en compagnie de Sophie Biolle et Mme Meignan, avaient semé un doute dans mon esprit.

Quelque chose tournait trop rond dans cette histoire, nous nous accordions tous trop facilement pour faire peser sur le seul Valentin (et sa famille) la responsabilité de sa dégringolade scolaire.

Je ne cherche pas à m'envoyer des fleurs mais j'ai été le premier à envisager une voie différente et à poser comme hypothèse : « Et si Valentin m'avait dit la vérité en mettant en cause Bastien Lange ? »

Oui, vous avez raison d'ironiser : fin mai, c'était un peu tard... Et je dois à la vérité de préciser que l'hypothèse d'un problème de harcèlement ne s'était pas imposée tout de suite à moi comme pertinente. Je l'avais, certes, émise lorsque Franck Boubard avait quitté mon bureau, mais du bout des lèvres et sans ébranler le moins du monde la conviction contraire de mes deux collègues.

Mais reprenons dans l'ordre : mi-avril, juste avant les vacances de printemps, ma conviction est conforme à celle de mon équipe, bien qu'un petit doute m'ait titillé. À la rentrée, pris par de multiples tâches, j'avoue que j'oublie quelque peu le cas de Valentin. Et c'est alors que survient un « événement », le terme est trop fort, disons plutôt une banale observation que je suis amené à faire, par hasard, et qui avec le recul va s'avérer décisive.

Je rencontrais la documentaliste dans le C.D.I. C'était la récréation et nous nous trouvions près d'une fenêtre. Ce que je découvris alors en regardant machinalement dans la cour, un étage plus bas, aurait pu sembler anodin : Valentin et Bastien étaient assis l'un à côté de l'autre, face à deux de leurs camarades. Ils avaient rapproché des bancs. Valentin se mit à sortir de ses poches une assez grosse quantité de goûters, j'entends par là des barres chocolatés, des paquets de petits gâteaux, qu'il distribua aux autres.

Cela m'intrigua et quand j'en eus fini avec la documentaliste, je regardai de nouveau par la fenêtre. Je surpris alors un geste de Bastien, d'une brièveté et d'une violence inouïes, pour frapper le genou de Valentin avec un objet qu'il serrait dans sa main. Valentin se tordit de douleur et je le vis articuler une protestation que je ne pus entendre, bien sûr. Mais il est resté en compagnie des trois autres, comprenez-vous, il ne s'est pas séparé d'eux et ils ont continué à discuter comme si rien ne s'était passé ! Le décalage entre la violence du coup et la soumission de Valentin m'a mis extrêmement mal à l'aise.

Voilà ce qui m'a convaincu d'explorer l'hypothèse du harcèlement. Mais vous êtes bien placée pour le savoir, dans ce domaine nous manquions de protocoles, il ne s'agissait pas encore d'un sujet sur lequel nous nous penchions facilement. Il fallait, et il faut encore, vaincre des résistances. J'ai lu depuis toute une littérature sur la question, quantité d'études que vous connaissez sans doute mieux que moi.

***

ENTRETIENS AVEC BARBARA ARMANDONA (EXTRAIT)

L'histoire avec le couteau, c'est à cause de moi qu'elle est arrivée. Je ne veux pas dire que je suis responsable du pétage de plomb de Valentin, tôt ou tard, il se serait produit. Je parle juste de la situation qui a fait que…

C'était mon anniversaire et j'avais apporté deux gâteaux et des boissons. C'était toléré par certains enseignants, dont Frédéric Lebel, le prof de musique.

Nous n'avions pas cours dans notre salle habituelle mais dans ce qu'on appelait pompeusement l'auditorium, et qui n'était en fin de compte qu'une classe comme les autres, sauf qu'elle possédait un piano.

Deux ou trois filles et à peine un garçon m'avaient aidée à disposer les verres en plastique sur une table et commençaient à servir les boissons tandis que j'achevais de découper mes gâteaux en parts plus ou moins égales.

– Attendez avant de vous servir, a dit Frédéric Lebel se plaçant obligeamment au piano pour entonner un « Joyeux anniversaire » repris en chœur par cette merveille de classe si soudée !

Dans ces occasions-là, les regards se tournent automatiquement dans votre direction et je me trouvais non pas au centre d'un cercle, mais plutôt comme au midi d'une horloge tandis que les autres se répartissaient devant moi dans la partie basse du cadran, entre et quart et moins le quart… Je ne suis pas sûre d'être bien claire…

Tout cela pour vous dire que Valentin, lui, s'était dissocié du groupe sans que personne d'autre que moi puisse le voir.

L'idée avait dû lui venir en me voyant découper les gâteaux, et il profitait de l'attention sollicitée par le « Joyeux anniversaire ».

Il commettait seulement une petite erreur à mon sujet. Bien sûr, il savait que je pouvais le voir et se gardait d'agir, faisant semblant de chanter avec nous tandis que je maintenais la tête dans sa direction. Mais j'ai été plus maligne que lui, j'ai délibérément tourné la tête vers le prof qui plaquait ses accords. Quand j'ai regardé de nouveau du côté de Valentin, il a mis avec empressement la main dans sa poche.

Nous avons enfin levé nos verres et pris chacun un morceau de mon délicieux fondant au chocolat ou de ma succulente tarte au caramel (j'avais moi-même cuisiné), puis je me suis approchée de Valentin.

– Ça va ? lui ai-je demandé. Tu as l'air bizarre.

– Bon anniversaire ! s'est-il contenté de me dire.

Il était troublé, mais pas à la manière habituelle. Bastien traînait non loin de lui et, ayant entendu ma question, m'a fourni une réponse en lieu et place de Valentin. Cette réponse est tellement vulgaire et insultante que j'hésite à vous la livrer, mais il le faut bien, cette fois, parce que c'est important pour la suite de l'histoire :

– Il s'est chié dessus ! a dit Bastien en mastiquant énergiquement une bouchée de mon fondant au chocolat.

Ce sont ses mots exacts.

– C'est bon, a dit Valentin. Tu l'as déjà dit mille fois.

À ce moment-là de l'année, Bastien et ses

bons copains se délectaient de plaisanteries scatos, et vous avez peut-être noté que ce genre d'idées revient souvent au moment du dessert…

Pardon ? Alice… ? C'est vrai, vous avez raison, je ne vous parle jamais d'elle… Non, elle ne donnait pas dans la scatologie, elle, avec ses yeux verts ! Et pourtant c'est une des filles les plus vulgaires que j'aie croisées dans ma scolarité, sous ses airs supérieurs… Aïe, vous m'avez eue, Mademoiselle la Psychologue, je m'étais juré de ne dire aucun mal d'Alice Pregoszian… Non, elle fréquentait moins Bastien, depuis la grande scène du 2 (comme deuxième étage des troisièmes), mais elle l'aimait toujours, c'est certain. Il paraît qu'elle l'aime encore. Nous étions bonnes copines, sans plus, et jamais nous ne parlions de Valentin. C'était tabou… Et puis j'ai cessé de fréquenter ce petit monde dès l'année suivante en changeant de collège pour pouvoir faire de l'italien… alors, vous savez…

Mais Valentin… C'est en débarrassant la table que j'ai compris. Ou plutôt : que j'ai cru comprendre. Il avait volé mon couteau !

Chapitre 19

Le jour du couteau (2)

LETTRE DÉPOSÉE PAR YASMINA EL-HOUADI

Mademoiselle,

Mes parents n'ont pas une assez bonne maîtrise du français écrit et c'est donc moi, leur fille aînée, qui prends la plume pour excuser l'absence de mon petit frère Karim.

Je sais bien que ces entretiens qui nous sont proposés n'ont rien d'obligatoire mais, comme ils vont bientôt se terminer, je tenais à vous dire que si Karim n'est pas venu vous rencontrer c'est qu'il a un peu peur de la réaction de ses amis.

Pour dire la vérité vraie, mes parents ne sont pas au courant de ma démarche. C'est à moi que Karim s'est confié. Il me charge de vous dire qu'il regrette d'avoir maltraité Valentin Boubard il y a deux ans, puisque c'est à ce propos que vous enquêtez.

Je lui ai dit qu'il vous écrive lui, s'il ne voulait pas venir, mais il m'a répondu que je le ferais mieux. Ce n'est pas vrai, il l'aurait fait aussi bien. Je crois plutôt que c'était un moyen pour lui de se confier, à moi en l'occurrence, et de soulager sa conscience.

Deux années ont passé. Ils étaient des gosses. Il ne faut pas trop leur en vouloir, pas trop les juger. Karim est un bon garçon. Il dit qu'ils ont agi ainsi, Bastien et lui, au départ comme un jeu et puis qu'ils se sont piégés eux-mêmes et que c'était difficile d'en sortir. Il n'a jamais recommencé.

En vous remerciant par avance et en vous souhaitant une bonne réussite dans votre entreprise utile à la société.

Bien à vous.

★★★

ENTRETIENS AVEC BARBARA ARMANDONA (EXTRAIT)

Je reconnais que je n'ai pas bien réagi, sur le moment, avec cette histoire de couteau. En fait, je n'ai pas réagi du tout, dans la salle de musique. Deux choses m'ont retenue. D'abord, je n'aime pas trop dénoncer (sauf Bastien, mais lui le mérite…) ; et puis c'était un couteau nul, au bout arrondi et au manche en plastique usé par trop de passages au lave-vaisselle… Je rigole…

Non, je n'ai pas de bonne raison à avancer pour justifier mon silence… Si ce n'est, peut-être… au fond de moi, une envie morbide de voir Valentin crever la bedaine de Persécutor… une envie malsaine de le voir lui crever le bide, yoh, yoh… Je plaisante, je plaisante !… Ne notez pas tout !…

Surtout, je voulais parler à Valentin, et le temps que nous avons pris pour remettre la salle en ordre, je ne l'ai pas quitté des yeux, prête à hurler s'il plongeait la main dans sa poche. Vous voyez que je ne suis pas aussi irresponsable que je m'en donne l'air…

Dès que j'ai pu m'adresser à Valentin sans le compromettre, je lui ai dit à voix basse exactement le genre de mots qu'on prononce dans ces occasions-là, et désolée pour le manque d'originalité :

– Je sais ce que tu caches dans ta poche.

Des fois, dans les romans anciens, on lit des phrases comme : « Il blêmit en entendant ces mots. »

« Blêmir », « devenir blême », je n'avais jamais

trop su ce que ça voulait dire, jusqu'à ce jour-là en voyant la tête de Valentin.

En plus d'être blême, il était déconfit. Voilà encore un mot que je ne peux plus lire sans penser à ce moment avec Valentin. Nous étions tous les deux dans un face-à-face quasi clandestin, échangeant à voix basse, non loin d'un groupe d'élèves qui ne nous prêtaient aucune attention, occupés qu'ils étaient à parler avec Frédéric Lebel tandis que celui-ci s'apprêtait à fermer la salle.

Bizarrement, Valentin a porté la main à sa hanche, plutôt qu'à sa poche où je pensais qu'il avait planqué mon couteau. C'était un geste réflexe pour protéger son butin et m'interdire de le récupérer.

– Ne fais pas l'idiot, lui ai-je dit. Rends-moi ce couteau !

Il a eu un regard craintif vers le prof, comme si j'avais hurlé le mot.

« Tais-toi ! » me suppliaient ses yeux.

– Je te préviens que si… ai-je commencé.

– Comment le sais-tu ? Comment peux-tu le savoir ?

Et c'était comme si j'avais fait preuve d'un don extraordinaire de divination !

La disproportion entre la taille de sa stupéfaction,

si j'ose dire, et celle de mon petit couteau familial était telle que je me suis foutue de lui. Je lui ai répondu, façon Madame Irma, en roulant les yeux et les « r » :

– Je vois forrrmidablement à trrraverrrs tes vêtements !

Je suis capable de dire les pires bêtises, vous vous en êtes aperçue, même dans les moments les plus sérieux.

Ça ne lui a fait ni chaud ni froid.

– S'il répète une seule fois que je me suis chié dessus, je le tue ! m'a-t-il assuré.

Nous étions toujours dans le couloir. Le prof avait fermé la porte à clé et continuait à discuter avec deux ou trois élèves. J'étais décidée à ne pas m'en aller sans avoir récupéré mon couteau.

– Je ne vais pas te lâcher, ai-je promis à Valentin le plus calmement du monde. Alors, donne-moi ce couteau ou je te dénonce à l'instant.

Je frémis encore en pensant à ce qui aurait pu se passer si j'avais dit : « Rends-moi mon couteau » au lieu de « Donne-moi ce couteau ».

Ma détermination a paru l'impressionner. Je l'ai vu réfléchir à toute vitesse, peser le pour et le contre, envisager une possibilité ou l'autre… Et quelque chose a cédé en lui.

– C'est bon. Je vais te le donner.

Il paraissait soulagé. Je l'étais aussi.

– Mais pas ici, a-t-il ajouté.

Je n'ai pas bien compris pourquoi il ne me restituait pas ici même le couteau, pour lequel j'avais déjà ouvert une petite poche de mon sac à dos. Il aurait pu le faire avec discrétion.

Valentin m'a entraînée vers les escaliers tout proches. Nous avons franchi la porte à double battant.

– Maintenant ! ai-je exigé.

Nous nous sommes rapprochés l'un de l'autre. Valentin était craintif, aux aguets, attentif au moindre bruit.

– C'est bon, ai-je dit. On va pas y passer la semaine.

Il a alors sorti de sa ceinture un couteau comme je n'en avais jamais vu ! Une lame brillante et large et crantée, se terminant en une pointe redoutablement acérée ! Un vrai couteau de tueur, un vrai poignard d'assassin !

La poche que j'avais ouverte dans mon sac était trop petite. J'ai dû ouvrir un compartiment plus grand pour y glisser fébrilement l'arme du crime à l'abri des regards.

– Mais comment savais-tu ? m'a redemandé Valentin.

– Je savais, c'est tout. Et mon couteau à bout

arrondi, qu'est-ce que tu en as fait, hein ?

Il m'a regardée, ahuri.

– Non, rien, ai-je dit. Je plaisante.

Et j'ai compris : dans la salle de musique, il avait juste tenté de se servir avant tout le monde une part de gâteau.

Mon petit couteau des familles, c'est Frédéric Lebel qui me l'a rendu la semaine suivante, retrouvé l'après-midi même sur une étagère de la salle de musique, où je l'avais peut-être moi-même posé…

***

« Elle n'y connaît rien en couteaux », songe Valentin en descendant les marches avec Barbara.

En réalité, lui non plus n'y connaît rien ou pas grand chose. L'idée de s'armer lui est venue la semaine dernière. Pour se protéger d'une menace proférée par Bastien, hors de la présence de Karim et de Xavier : « Un de ces jours, aujourd'hui ou demain, quand je l'aurai décidé… », accompagnée du geste du pouce tranchant la gorge.

« M'insulter ne lui suffit plus, a compris Valentin, abîmer mes affaires, me frapper, prendre mon argent. Il veut vraiment me tuer.

Il va le faire avant la fin de l'année scolaire. »

Valentin a retrouvé ce poignard dans les affaires de son père. Franck Boubard n'est pas un spécialiste de la plongée, mais quand il s'était équipé, l'été dernier, d'une paire de palmes, d'un tuba et d'un masque, ce couteau de chasse sous-marine faisait partie du lot.

Valentin en a assujetti l'étui de caoutchouc à sa ceinture, grâce au passant prévu pour cela. Ces quatre derniers jours (sauf celui où il a eu E.P.S.), il s'est baladé ainsi au collège, sentant contre sa hanche droite la présence rassurante de la lame.

Rassurante ? Pas vraiment… C'était ce qu'il avait espéré au départ, cette arme allait lui donner une confiance nouvelle, une sécurité, une garantie contre Bastien. Mais ce n'est pas exactement ce qu'il a éprouvé. Plutôt la crainte quasi permanente d'être pris en faute, la peur que le couteau soit repéré lors d'une bousculade, ou qu'il ne tombe de lui-même de son étui. Cette dernière peur, irrationnelle, a fait que toutes les cinq minutes, hier en cours, Valentin a vérifié par-dessus son sweat la présence de son arme.

– Tu as attrapé des puces ou quoi ? lui a reproché Bastien. Tu me déconcentres à gigoter comme ça. Si tu continues, je vais venir te les gratter, moi. »

« Elle n'y connaît rien en couteaux », mais débarrassé du poignard grâce à Barbara, Valentin se sent plus léger, plus heureux. Il se sent plus fort.

***

ENTRETIENS AVEC YVES LETALANDIER (EXTRAIT)

Oui, revenons à Valentin… Tenez, vous voyez, c'est très révélateur, je n'ai pas dit : « Revenons à Bastien. » Et c'est exactement ce que j'ai fait après avoir été témoin de la scène de la distribution des goûters : mes pensées se sont tournées vers Valentin. Il était pour moi la clé de l'énigme. Comment pouvait-il se laisser malmener ainsi ? Je sais cette tendance désolante que nous avons à faire peser une culpabilité sur les victimes… Elle est bien connue, et les audiences de tribunal résonnent de ces ignobles poncifs : la jeune fille violée a provoqué son agresseur par sa tenue vestimentaire, par une attitude…

Toute proportion gardée, c'est en cédant inconsciemment à ce navrant mécanisme psychologique que j'ai voulu de nouveau rencontrer Valentin plutôt que son tourmenteur. L'idée ne m'a même pas effleuré de convoquer Bastien ! Me rappelant avec suffisamment de précision ce que Valentin m'avait dit en tête à tête, je tenais à le faire parler davantage et, pour cela, je devais le rencontrer seul, je veux dire hors de la présence de Sophie Biolle et de Mme Roux-Meignan qui risquaient, pensais-je, de le bloquer…

J'entends très bien ce que vous me dites et j'abonde dans votre sens. Laissez-moi formuler la chose à ma façon : la véritable raison, beaucoup moins reluisante, est que je tenais à maîtriser cette affaire (non-affaire pour le moment) dont j'avais la crainte qu'elle ne se révèle explosive. La diplomatie est inhérente à la fonction de chef d'établissement, diplomatie dans le meilleur sens du terme, mais aussi, hélas, avec son cortège de petites manipulations et d'accommodements avec la vérité. Je ne vous apprendrai rien en vous disant que nous devons préserver une image et que les cas de harcèlement ne constituent jamais une bonne publicité…

Bastien représentait (il représente toujours d'après ce qu'on m'a rapporté !) une certaine idée de l'excellence. « De bonne famille », comme on disait dans la génération de mes parents, brillant élève, capable de fédérer une classe et de la représenter avec intelligence et ouverture d'esprit (ses interventions lors des conseils de classe, en tant que délégué, étaient remarquables). Ce type d'individu est une bénédiction pour un collège, que voulez-vous !

Je me suis donné un ou deux jours, le temps de régler d'autres affaires plus pressées, et le hasard a voulu, par une de ces coïncidences troublantes dont la vie a le secret, alors même que je m'apprêtais à décrocher mon téléphone pour demander à Mme Roux-Meignan de m'adresser Valentin, que la sonnerie retentisse. C'était précisément la C.P.E. :

– Pouvez-vous venir de toute urgence ? Bastien Lange vient d'être agressé par Valentin Boubard et il pisse le sang. Je l'amène à l'infirmerie.

★★★

ENTRETIENS AVEC BARBARA ARMANDONA (EXTRAIT)

Nous avons descendu quelques marches et nous étions au bord d'atteindre le demi-palier quand Bastien nous est tombé dessus, uniquement préoccupé de provoquer Valentin :

– Tu t'es encore chié dessus !

Quand je dis qu'il nous est tombé dessus, en réalité il arrivait de plus bas, comme s'il avait guetté notre arrivée.

J'ai senti qu'il aurait préféré se retrouver seul avec Valentin, que ma présence le gênait un peu, le retenant d'exprimer pleinement cette haine qu'il dissimulait mal. Il a eu un de ces rires qu'on adopte quand on fait une bonne blague.

Dans mon sac à dos je sentais, ou croyais sentir, le poids de l'arme du crime que je venais d'empêcher. Je priais le ciel pour que Bastien ne nous ait pas entendus parler de couteau et que tout cela reste à jamais entre Valentin et moi.

Et si vous vous demandez, Mademoiselle la Psychologue, pourquoi je trahis aujourd'hui avec vous ce secret, eh bien patience, vous allez le comprendre bientôt…

C'est bête à dire mais nous étions deux, Valentin et moi, et même trois avec le couteau, tandis que Bastien était seul avec sa suffisance, et nous le dominions de plusieurs marches. Il devait lever la tête pour nous parler.

J'ai senti, et Valentin a pu le sentir aussi, qu'à cet instant-là Bastien ne faisait pas le poids.

– Répète un peu ! lui a dit Valentin.

Dans le regard de Bastien, la surprise a été grande de découvrir la détermination nouvelle de son souffre-douleur et il a hésité à répéter sa puante ritournelle, dans le plus pur style de ses rituels d'intimidation qui lui avaient jusque-là réussi.

Pour la première fois depuis le commencement de nos temps collégiens, c'était Valentin qui le mettait au défi. Et si l'esprit de Bastien ne mesurait pas encore pleinement la nouveauté de cette situation, son corps savait déjà, car sa voix n'avait plus la même assurance quand il a proféré l'injure :

– Tu t'es encore chié dessus !

Ne doutant pas qu'il le répéterait, Valentin avait anticipé et descendu au pas de charge les marches. Il était légèrement plus grand que Bastien, aussi son geste m'a-t-il paru presque naturel, tout à fait adapté à la circonstance. On voit ça dans les films : il a planté un méchant coup de boule sans que l'autre ait le temps de réaliser, encore moins d'esquiver.

Il m'a semblé entendre craquer du cartilage. (En fait non, Bastien n'a même pas eu le nez cassé, finalement, juste enflé comme une patate, les jours qui ont suivi, une de ces patates à la peau violette, vous savez…) Bastien a reculé de deux mètres et s'est heurté au mur. Ses traits se sont modifiés dans une expression de stupeur, accentuée par le geste d'appuyer les mains de chaque côté du nez, ce qui lui écarquillait démesurément les yeux.

J'ai eu peur qu'il se mette à hurler. En lui, tout n'était que cri, tout son être était tendu dans une vibration de douleur, physique et morale. Oui, j'ai vraiment eu peur !

J'ai descendu les marches et adressé dans mon dos un signe à Valentin pour qu'il décampe et aille se planquer au plus vite.

– Viens, ai-je dit au blessé de guerre avec toute la douceur dont j'étais capable. Je t'emmène à l'infirmerie.

Il s'est laissé faire, les garçons ont toujours besoin d'une maman dans ces occasions, et j'ai poussé intérieurement un « ouf » de soulagement.

Je soutenais Bastien dans la descente. Je nous revois passant au milieu d'un petit groupe. Il y avait là Karim, Xavier, Alice et quelques autres. J'avais l'impression de guider un aveugle. Mais Bastien y voyait très bien malgré les larmes réflexes qu'occasionne un coup sur le nez. Il s'est redressé avec dignité et a pris un peu de distance, tout en maintenant sa main sur mon épaule.

– La vache ! a fait Karim. T'as l'air complètement sonné.

– Qu'est-ce qui lui est arrivé ? m'a demandé Alice.

Bastien n'a pas voulu s'expliquer. Le sang commençait à couler de ses narines.

– Il s'est cassé la figure dans l'escalier, ai-je dit du ton le plus convaincu que je pouvais. Je l'amène à l'infirmerie.

Bastien, renversant la tête en arrière, se tamponnait le nez avec un mouchoir que lui avait tendu Alice.

– J'y vais aussi, a-t-elle dit.

Bastien s'est tourné vers elle. J'ai cru qu'il allait la frapper.

– Tu restes ici, lui a-t-il ordonné d'une voix altérée. On n'est pas à la foire à l'andouille.

Encore aujourd'hui, ces derniers mots me laissent perplexe et je me demande qui ils visaient exactement.

***

Valentin est remonté dans le couloir désert de la salle de musique.

Il ne s'est pas éloigné tout de suite. Tremblant, il s'est assuré que Bastien n'allait pas échapper au contrôle de Barbara et remonter à sa poursuite. Mais non, Bastien est reparti, bel et bien sonné.

Valentin est bel et bien sonné aussi ! La tête lui résonne du coup qu'il a porté et il ressent encore à son front la sensation molle puis dure du nez aplati.

Il rigole nerveusement et s'assoit dans une encoignure, sous une rangée de portemanteaux. Hormis ce fou rire qui lui secoue les épaules, sa situation est assez semblable à celle du jour de la punition collective, quand il s'était réfugié devant la porte fermée du C.D.I. Cela fait plus longtemps encore, dans le vestiaire du gymnase, il avait calmé le tremblement de ses jambes et le rythme de sa respiration.

Aujourd'hui, les symptômes du corps sont les mêmes : genoux flageolants et souffle rapide. Normal : la terre vient encore de trembler, non ? Seul le soulagement est nouveau, baptisé de rire et de larmes qu'il ne cherche pas à refouler, pour une fois.

Qu'ils viennent tous, ceux de la classe si « homogène », que viennent leurs parents, que viennent les profs, et qu'ils le trouvent ici dans ce couloir à verser des larmes de joie !

« La terre a tremblé, Messieurs-Dames, mais pas pour moi ! Je n'ai rien senti ! Je volais au-dessus du monstre et je lui ai fondu dessus. Le séisme vient du bruit qu'il a produit en tombant. J'ai terrassé le dragon ! »

***

ENTRETIENS AVEC YVES LETALANDIER (EXTRAIT)

J'ai trouvé Bastien Lange dans un sale état, se tenant le nez et l'infirmière nous a dit qu'il était cassé ou peut-être pas. Les radios le révéleraient.

Il faut reconnaître au moins une qualité à Mme Roux-Meignan : son pragmatisme. Croisant Barbara et Bastien sur le chemin de l'infirmerie, elle avait déjà depuis son portable appelé le Samu, avisé les parents Lange et extorqué quelques informations. Fine mouche, elle s'est empressée de me dire avec un air entendu :

– Les circonstances de l'accident ne sont pas encore élucidées…

Elle me faisait ainsi comprendre qu'elle n'avait pas mis en cause Valentin, ni auprès de la famille de Bastien ni auprès de notre infirmière. Que s'était-il passé depuis son coup de fil pour qu'elle fasse ainsi machine arrière ? J'ai compris que des langues s'étaient déliées : celle de Bastien, peut-être, mais surtout celle de la petite Armandona.

– Je souhaiterais vous parler seul à seule, ai-je dit à la C.P.E.

– J'allais vous le proposer, m'a-t-elle répondu. Et si vous le voulez bien, Barbara sera de la fête. Elle a, semble-t-il, beaucoup de choses à vous apprendre...

J'ai acquiescé d'un signe de tête mais me suis d'abord enquis de l'état de Bastien – j'avais surpris son regard noir à Barbara qui se tenait dans un angle de la pièce.

– Comment te sens-tu ?

Il m'a fait le signe « couci-couça ».

Je me suis gardé de lui demander comment « l'accident » était survenu.

– J'ai pris sur moi de lui donner un Doliprane, est intervenue l'infirmière. Je ne crois pas trop à la thèse de la chute. Ça ressemble tout à fait à un coup de poing, un de ces règlements de comptes dont les garçons ont le secret. Et Bastien a l'air bien déterminé à le garder, le secret... C'est respectable. Quoi qu'il en soit, il a dû voir les étoiles !

– Eh bien, bon courage, ai-je souhaité à Bastien. Le Samu va arriver. Et tes parents te rejoindront aux urgences. Nous parlerons de tout cela à ton retour.

Sans acquiescement de sa part, j'ai insisté :

– Nous parlerons de *tout* cela, tu m'entends ?

Pas seulement de ton coup sur le nez : nous parlerons aussi des *goûters* de Valentin le matin…

Bastien a tressailli, ce qui pouvait être mis sur le compte de la douleur. Il me fallait enfoncer le clou mais je manquais d'éléments. Je me suis opportunément rappelé ce que Valentin m'avait dit :

– Nous parlerons aussi du coup de poing dans le gymnase…

Cela n'a pas eu l'air de trop l'émouvoir, alors j'ai décidé d'y aller au flan.

– Et de ce que tu lui as pris, ai-je dit assumant le risque d'une dénégation.

Le regard de Bastien a vacillé et j'ai su que j'avais touché juste.

– Oui, ai-je insisté. Tout ce que tu lui as volé, il faudra bien que tu le rendes !

À ma grande stupeur, il a plongé la main dans sa poche et en a extirpé trois billets de 20 euros froissés qui avaient dû longtemps séjourner là.

– C'était juste un jeu ! s'est-il défendu. Je n'allais pas les dépenser. Je les aurais rendus, il n'y a pas de souci.

Quand nous sommes sortis Mme Roux-Meignan, la petite Armandona et moi, nous avons entendu distinctement l'infirmière ponctuer ainsi notre départ auprès de Bastien :

– J'ai dans l'idée que la justice est passée, mon bonhomme, et qu'elle te pendait au nez !

Chapitre 20

Les jours d'écriture

Yves Letalandier ouvre la porte et s'efface pour laisser entrer Valentin, qui commence à trop bien connaître ce bureau. Il l'invite à s'asseoir, comme il l'avait fait en octobre quand le garçon atypique était venu lui présenter son projet de sonneries musicales…

Barbara est là et Valentin, s'il est heureux de la voir, demeure inquiet à cause du couteau. Très vite, dans le dos du principal qui regagne son fauteuil, Barbara adresse deux signes rassurants : celui de couper quelque chose et celui de l'index sur la bouche (« On ne dit rien pour le couteau »). « Merci ! » lance en échange le regard de Valentin. Yves Letalandier surprend le clignement d'yeux (« De rien ») de Barbara mais ne peut en deviner toute la signification.

Il ne se trompe pas, pourtant, en affirmant :

– Vous vous entendez bien, tous les deux ! C'est une chance, non, Valentin ?

Celui-ci acquiesce.

– C'est grâce à elle que j'ai terrassé le dragon, dit-il.

Yves Letalandier sourit :

– C'est ainsi que tu nommes Bastien ?

Valentin a un geste large.

– Pas seulement Bastien, les autres aussi, tout ça, quoi…

Et Yves Letalandier retrouve en lui quelque chose du Valentin du premier trimestre, hâbleur et un peu trop sûr de lui.

***

ENTRETIENS AVEC BARBARA ARMANDONA (EXTRAIT)

– Je vais convoquer tes parents, a annoncé le principal.

Valentin a… blêmi et s'est enfoncé dans son fauteuil.

– Pourquoi ne nous as-tu rien dit ?

Il y a eu un long silence tout à fait déprimant, comme si le dragon censément terrassé s'apprêtait à reprendre du service, et Letalandier a poussé un profond soupir.

– Libre à toi de ne pas me répondre. Barbara m'a raconté beaucoup de choses.

Et comme Valentin gardait bouche close, il lui a demandé :

– Mais tes parents, pourquoi ne leur as-tu rien dit non plus ? Car tu ne leur as rien dit, n'est-ce pas ?

Cette fois, Valentin a trouvé la force de répondre :

– J'ai rencontré un psy, mais je n'ai rien pu dire. Je n'ai même pas voulu dessiner. J'ai fait ma tête de cochon.

Un rire silencieux a secoué ses épaules.

– Et ça t'amuse ! s'est exclamé Letalandier.

Moi, je ne disais rien, je les observais tous les deux, je n'en perdais pas une miette. J'ai compris ce jour-là que le principal avait oublié qu'il avait été un gosse, lui aussi. C'est ça qu'il ne faut jamais perdre de vue, Mademoiselle la Psychologue : nous étions encore des gamins, Valentin et moi, et Bastien, et tous les autres...

– Je rigole à cause de « tête de cochon » en pensant à Bastien qui m'appelait « Nez-rose »...

Valentin m'a embarquée dans son rire. C'était le danger qui me guettait : être trop gentille, maintenant, trop complaisante avec lui, tout lui passer.

– Elle n'est quand même pas terrible, ta blague, ai-je dit.

Ça a jeté un froid, c'étaient les premiers mots que je prononçais depuis qu'il était entré.

Letalandier a repris la parole :

– L'important, c'est que Bastien est démasqué. Il ne t'embêtera plus. Nous allons le sanctionner, probablement le passer en conseil de discipline…

Le principal a eu une curieuse façon d'affirmer cela, presque comme s'il en demandait l'autorisation à Valentin qui s'est récrié :

– Nan ! Ce n'est pas la peine. Ça va aller, maintenant. Mes parents vont voir que je vais mieux… Et puis, bientôt je ne serai plus là.

– Comment ça ? s'est écrié Letalandier. Qu'est-ce que tu nous chantes ?

– Je vais changer de collège, a affirmé Valentin. Comme ça, je serai avec Barbara. Je ferai de l'italien avec elle.

Ça m'a hypertouchée. Mais le principal nous a refroidis :

– On ne change pas d'établissement ainsi, en claquant des doigts.

J'ai trouvé révoltant qu'il balance une chose pareille. Je n'ai pas pu m'empêcher de protester :

– Vous lui devez bien ça !

Je ne disais pas « vous » spécialement à son

intention, je voulais dire : le collège en général. Letalandier m'a séchée :

– Et « vous », toi et ses camarades, tu crois que vous ne lui devez rien ? (Le principal a réfléchi quelques secondes avant de reprendre plus calmement pour Valentin :) Il est certain que si c'est également le souhait de tes parents, nous étudierons cette possibilité de changement d'établissement. Je puis comprendre que tu ne te voies pas recommencer une année ici... Quoi qu'il en soit, tu n'as pas à te sentir coupable, Valentin ! Et si cela peut te rassurer, a-t-il ajouté en se savonnant machinalement les mains, la version officielle de l'affaire, pour le moment, est celle d'une chute accidentelle dans l'escalier. Elle arrange bien Bastien, crois-moi, et je serais très étonné que son père vienne se plaindre de quoi que ce soit... Naturellement, quand nous aurons parlé à tes parents, et quand tu leur auras parlé toi aussi, je l'espère le plus vite possible, ils pourront, s'ils le souhaitent, porter plainte contre lui. Que cela soit bien clair ! Ah, mais j'y pense !

Et le principal a sorti de sa poche les trois billets chiffonnés. Valentin s'en est prestement emparé avant de demander :

– Et mon stylo à plume dorée de mamy Nathalie ? Quand allez-vous le récupérer ?

***

ENTRETIEN AVEC SOPHIE BIOLLE (EXTRAIT)

Je suis juste venue vous parler du dernier conseil de classe qui a prononcé un avis favorable pour le passage de Valentin, malgré ses piètres résultats.

Nous avons tout fait pour. Yves Letalandier m'avait mise dans la confidence. Les parents de Valentin ne souhaitaient pas porter plainte contre Bastien. Ils pensaient, à tort ou à raison, que ce remède pourrait s'avérer pire que le mal, et c'était de toute façon le souhait de Valentin de ne rien ébruiter.

La question s'est posée à nous de la sanction à prendre à l'encontre de Bastien et nous n'en avons finalement pris aucune. Notre point de vue a été le suivant : la transparence, tout dire, c'est bien joli, mais dans la mesure où les Boubard eux-mêmes… vous voyez ce que je veux dire. D'autant qu'ils ne souhaitaient plus scolariser leur fils chez nous… D'ailleurs, nous n'avons pas revu Valentin, qui a passé la fin de l'année chez lui avec un certificat médical…

Il ne s'agissait surtout pas de jeter en place

publique ce cas de harcèlement, comprenez-vous, y compris pour des raisons qu'Yves Letalandier vous a, m'a-t-il dit, déjà exposées… Oui, nous nous voyons toujours.

Pour en revenir à ce que je vous disais en commençant, le bon sens imposait qu'une forme de justice, tout de même, s'appliquât en faveur de Valentin. Nous en avons été, Yves et moi-même, et j'ajouterais, Angeline Roux-Meignan, notre C.P.E., les principaux instruments. Le jour du conseil de classe, nous avons argué du fait que nous avions rencontré les parents de Valentin, que son problème était clairement identifié et en voie de règlement, mais que, à la demande de la famille, nous ne pouvions en faire état. Eu égard aux bons résultats de Valentin au premier trimestre et compte tenu de ses capacités nullement remises en question, nous avons plaidé pour un avis favorable de passage au bénéfice du doute, assorti des encouragements.

Bastien Lange n'a pas bronché, son nez déjà bien déformé et coloré, ne s'est pas allongé quand il a abondé dans notre sens, en tant que délégué, pour vanter le mérite de Valentin, suivi en cela par Alice, que dis-je suivi, marqué à la culotte !…

C'est la grande force, je veux dire la perversité des personnalités comme celle de Bastien, d'entretenir autour d'eux l'illusion d'une parfaite intégrité. Comme les meilleurs prestidigitateurs, ils défont d'une main ce qu'ils ont donné à voir de l'autre avec une telle maestria que, leur numéro terminé, on aurait presque envie de les applaudir...

Bref, Valentin s'en est sorti avec les encouragements et jamais une telle mention ne m'a paru aussi justifiée.

***

DERNIER ENTRETIEN (AVEC BARBARA ARMANDONA)

J'ai plaisir à vous parler, une dernière fois, de Valentin.

Il avait pris un couteau d'assassin et ne s'en était pas servi.

N'est-ce pas qu'il faut remercier la vie, Mademoiselle, qui n'est pas toujours la catastrophe annoncée.

À quelque temps de là, dans notre nouveau collège (déjà ancien, deux ans déjà, et lycée l'année suivante...), j'ai accompli un nouvel exploit sportif pour mon aimé, une vraie passe décisive...

Valentin avait passé la récréation à parler avec ses copains de Richard Brautigan et particulièrement d'*Un privé à Babylone* et de *Mémoires sauvés du vent*, deux de ses livres fétiches.

Le carillon a sonné sur l'air du thème de *Cyrano* et je suis sûre que Valentin ne pensait même plus qu'il était à l'origine de cette pratique. (Quelques semaines après notre arrivée, il avait tanné la principale et fini par la convaincre d'adopter son système de sonneries musicales.)

En gagnant notre classe, je lui ai glissé :

– Toi aussi tu pourrais les écrire, tes *Mémoires sauvés du vent.*

Il a ricané :

– Le titre est déjà pris.

– Tu en trouveras un autre.

Après le cours, on en a reparlé tous les deux. On a cherché un titre, pour s'amuser… *L'Année terrible* était déjà pris aussi. *Souvenirs sauvés de l'oubli*, c'était nul : « souvenir » c'est forcément « sauvé de l'oubli ». *Mémoires des mauvais jours*, c'était trop plan-plan… Je vous épargne beaucoup de nos « trouvailles ».

– Et *Souvenirs sauvés du silence*, ai-je proposé innocemment.

C'était une façon de lui dire qu'il ne pouvait plus garder tout cela pour lui. Que c'était trop lourd à porter.

– Ne reste pas seul avec ça, ai-je insisté.

– Je ne suis pas seul…

Je l'avais bien cherché et j'en ai été heureuse. Mais quand même…

– Tu as souffert…

Je l'avais replongé dans ce passé et j'ai deviné à la dureté de son regard qu'il se représentait Bastien.

– J'ai voulu le tuer. Je te jure, j'aurais pu le faire…

– Je ne crois pas, ai-je dit même si je n'étais sûre de rien. Tu ne m'aurais pas donné le couteau si tu avais *vraiment* voulu le tuer. Tu lui aurais juste fait peur avec.

Il a eu un mauvais rire :

– C'est moi qui mourais de trouille !

– C'est lui qui a voulu te tuer, ai-je dit encore. À petit feu, tout au long de l'année, comme un poison…

– Mais pourquoi ? Pourquoi me détestait-il tant ?

Je n'y avais pas réfléchi, j'ai répondu, comme souvent, la première chose qui m'est passée par la tête, et je crois qu'elle était juste :

– Parce que tu étais le plus fort.

Quelque temps plus tard, ma passe décisive a produit son effet.

– J'ai réfléchi à cette histoire de livre, m'a dit Valentin. Ce que je ne veux surtout pas, c'est écrire genre : « Moi Valentin, ayant été harcelé », tu vois ce que je veux dire… Je voudrais écrire quelque chose qui soit comme un roman, avec différents points de vue…

Ça m'a surprise :

– Celui de Bastien ? ai-je demandé caustique.

– Oui, pourquoi pas. Aussi celui d'Alice et de quelques autres. C'est à ça que je réfléchis…

Ça m'a presque vexée :

– Il y aura un rôle pour moi, j'espère. (J'ai ajouté, un peu durement :) L'idéal serait que tu retournes au collège les interroger, Bastien, Alice, Karim, les profs, Letalandier… et que tu leur demandes : « Alors, les amis, cette année de harcèlement, vous l'avez vécue comment, vous autres ? »

Ça ne l'a pas fait vraiment rire. Ce n'était pas le but, non plus.

Encore plus tard :

– Je crois que j'ai trouvé, m'a-t-il dit. En fait, c'est toi qui m'as donné l'idée. Tout sera vrai dans mon roman, je veux dire ce sera vraiment mon histoire et « toute ressemblance avec des personnes existant ou ayant existé » sera volontaire ! Bien sûr, je changerai juste les noms. Ce ne sera pas un règlement de comptes… Un seul personnage sera totalement inventé : un ou une psychologue, à qui tous les autres viendront se confier…

– Même toi ?

– Non, je ne crois pas. Moi ce sera différent.

Je n'ai pas vraiment compris ce qu'il voulait faire, mais je sentais chez lui une telle passion, un tel désir d'écrire, et une telle appréhension aussi, une telle crainte de ne pas y arriver…

– Fonce ! l'ai-je encouragé. Ne te pose plus de questions. Écris, maintenant, écris-le, ton livre !… Prends le temps qu'il faudra, mais écris-le !

***

Et c'est ce que j'ai fait.

TABLE

Premier trimestre

Vacances de Noël

Deuxième trimestre

Vacances de printemps

Troisième trimestre

Du même auteur, chez Oskar éditeur

Abd el-Kader

Quand les Français entreprennent la conquête de l'Algérie, à partir de 1830, un jeune chef leur fait face : Abd el-Kader. Contre les troupes coloniales, il va diriger la résistance. Ce formidable guerrier deviendra une figure mythique de la lutte contre le colonialisme.

Trop dans une seule journée

Pour Louise, la journée commence mal : son amoureux Victor, qui a toujours été adorable avec elle, s'est mis à l'ignorer, brusquement, sans explication. Comme un malheur n'arrive jamais seul, sa maman a décidé de ne pas rentrer à la maison, ni ce soir, ni les autres… Trop, c'est trop !

Mon cher papa

Mélanie écrit un journal intime dans lequel elle raconte sa vie de tous les jours. Il s'agit en fait de lettres adressées à son père. Cette année, la rentrée des classes s'annonce difficile : le papa de Mélanie est parti et Vincent, son amoureux est très malade. Mais un jour, la maman de Mélanie trouve son journal…

Mort pour rien ?
11 novembre 1918
La terrible guerre qui dure depuis quatre années prend fin. L'armistice entre les belligérants va être signé aujourd'hui, 11 novembre 1918. Un soldat raconte comment ses camarades et lui ont vécu ce dernier jour, avec la peur de mourir pour rien.

J'ai vu pleurer un vieux tsigane
Fin des années 1960, dans un village de France. Le narrateur, alors âgé de 12 ans, se trouve confronté à l'arrivée d'un groupe de « Gitans ». Le hasard d'un face à face avec un vieil homme en larmes, dans une maison chargée de souvenirs, puis la prise de conscience du terrible sort réservé aux Tsiganes d'Europe, auront raison de ses préjugés. Un texte émouvant sur ces « oubliés » de l'Histoire.

Pense aux jours heureux
L'histoire d'amitié entre Ludovic et Fatouma, deux écoliers de CM1 qui aimaient jouer ensemble et ne se quittaient jamais, jusqu'à ce que tout bascule…

L'enfant de Guernica

Prenant son ancrage dans le bombardement de Guernica par la Légion Condor à la solde de Franco le 26 avril 1937, ce roman est avant tout celui de la mémoire de la Guerre civile dans la société espagnole d'aujourd'hui et de la relation d'une jeune archéologue à son père, dans la nécessité pour elle de connaître le passé et pour lui de l'oublier.

La nuit des otages

La tante Nieves, ex-membre de l'ETA et terroriste, est « la honte de la famille » ; tout le monde a rompu avec elle. José, son neveu, vit dans les silences de demi-secret. Jusqu'au jour où il décide d'aller voir sa tante…

Nicole Amram

Tapage nocturne

Depuis que son père est parti, Antoine a le coup de poing facile. La violence lui est si familière que pour lui, faire du tapage nocturne, c'est taper sur quelqu'un en pleine nuit... Mais un jour, c'est la bagarre de trop, et Antoine est pris en charge par Sylvie, une rééducatrice. En compagnie d'Abdou, un jeune Congolais réfugié en France, et de Noélie, si jolie mais si économe de paroles, Antoine va apprendre peu à peu à se libérer de la violence en s'ouvrant à lui-même et aux autres.

Roselyne Bertin
Mon amie l'hirondelle

Charlotte est en CP et dans sa classe, il y a une nouvelle : Nina, qui change souvent d'école, car ses parents sont des gens du voyage. Charlotte a appris qu'être nomade, ça veut dire rester quelque temps au même endroit, partir ailleurs et revenir l'année suivante. Comme les hirondelles.

Chantal Cahour
Elliot peut mieux faire !

Tous les matins, Elliot part à l'école angoissé. Pour sa rentrée en CM2, son père a décidé de le prendre en main car Elliot peut mieux faire ! Il faut qu'il réussisse ses études pour devenir médecin. Sauf que le garçon n'a aucune envie de devenir médecin... Mais comment le dire à son père sans le décevoir ? En fin d'ouvrage, un journal de bord tenu par l'auteur nous raconte la genèse de ce roman, à partir d'un atelier d'écriture mené auprès d'élèves de CM1 et CM2. Un document passionnant sur les coulisses du roman.

Véronique Delamarre Bellego
La guerre des crottes
Quand d'intrépides enfants décident de se battre contre les centaines de kilos de crottes de chien qui jonchent les trottoirs de la ville, la guerre des crottes est déclarée ! Tous aux abris ! Amis lecteurs, vous n'êtes pas au bout de vos surprises...

SOS Ange gardien
Kévin traverse une mauvaise passe. Comment les choses pourraient-elles s'arranger ? Il y aurait bien un moyen : appeler très fort son ange gardien et le supplier de voler à son secours. Encore faudrait-il que les anges existent…

Marie-Florence Ehret
Mon père
Simon, 16 ans, vit seul avec sa mère à Paris. Il n'est pas un élève très studieux et s'ennuie à l'école. Aussi, quand son père lui propose une virée buissonnière en moto, l'adolescent saute de joie. Il ne sait pas que ce grand périple de printemps sur les routes de France va changer sa vie.

Faim de vie

Mai 68. Un vent de révolte souffle sur la jeunesse française. Au cœur de toute cette agitation, deux jeunes filles se rencontrent, Vanessa et Élise, qui partagent la même passion pour la poésie, la même quête de liberté, la même faim de vie...

Véronique Foz

L'échange

Estelle a 13 ans. Jolie, intelligente, en bonne santé, elle est aussi profondément seule et malheureuse. Pourtant, ce n'est pas faute de posséder tout ce qu'il faut et d'avoir des parents qui se plient à ses quatre volontés ! Depuis son divorce, la mère, désespérée, ne sait plus quoi inventer pour lui plaire. L'adolescente révoltée rêve d'être une autre, n'importe quelle autre…

Kochka

Le garçon sans visage

En cours de français, le professeur propose un projet d'écriture : « Imaginer et écrire une histoire d'amour, avec un grand H, dont vous êtes le héros » et Marie a deux mois pour la rédiger. La jeune fille devient obsédée par ce travail. À 14 ans, elle n'a pas assez de vécu pour parler de ses histoires d'amour, aussi elle décide de plonger dans son quotidien pour trouver son personnage.

Jean-Luc Luciani
Une lentille égarée dans une boîte de petits pois
Dominique se pose mille questions sur lui-même et le monde qui l'entoure. Pourquoi a-t-il la désagréable sensation d'être mis à l'écart au collège, comme un pestiféré ? Pourquoi Gros Louis ne le supporte-t-il pas ? Pourquoi certains l'appellent-ils le « rêveur solitaire » ?

Martine Pouchain
Sako
Près d'un pavillon coquet, des caravanes déglinguées où vivent des, sans-papiers. La vieille Mado n'attend plus rien de la vie lorsque Sako pointe sa jeune frimousse à travers la haie de son jardin. Tout les sépare : l'âge, la couleur, la tradition. Tout sauf la solitude...

Sophie Rigal-Goulard
Sans toi papa...
Florentin vient d'arriver à Marseille. Son père, qui a quitté le domicile familial, a bouleversé la petite vie tranquille du jeune garçon. Le voilà maintenant obligé de vivre dans une nouvelle ville et de subir les moqueries des élèves de sa nouvelle classe. Parmi eux, il y a Tony, le petit « boss ». Avec son année de plus et ses muscles déjà impressionnants,

Tony ne ressemble en rien à Florentin. Pourtant, les routes de ces deux garçons finiront par se croiser…

Éric Sanvoisin

Le garçon aux oreilles en feuille de chou

Après bien des complications, Yohan naît avec des oreilles qui, dit-on, « dépassent la taille moyenne généralement constatée » et en grandissant, ses oreilles ont, elles aussi, continué à se développer. Durant des années, l'enfant a souffert d'otites, cumulant les visites chez le médecin et les poses de yoyos. Mais un jour, les otites ont disparu et le garçon pense que son cauchemar est enfin terminé. Il ne se doute pas encore que son entrée en sixième annonce un nouveau calvaire : les moqueries de ses camarades…

Arthur Ténor

À mort l'innocent !

L'histoire exemplaire et émouvante d'un jeune instituteur, nouvellement arrivé dans une école et adoré par sa classe. Jusqu'au jour où tout bascule...

Jo Witek

Petite peste

Jessie n'a pas la langue dans sa poche et ne peut s'empêcher de dire aux gens leurs quatre vérités.

Pourtant, la petite peste de Valras-Plage réussit à se faire des copains pour fonder un « Clan des Cabossés ». L'amitié de Manuel le bègue et d'Arthur le moche sera-t-elle assez forte pour démasquer son douloureux secret ?

Muriel Zürcher
Papa Yaga
Pour Caillou Roglin, pas question de partir vivre en foyer ! Même si ça signifie faire semblant d'être normal... et taire tout de sa vraie vie : sa mère et ses dessins d'amour sur post-it, son pote Karim avec qui il picole des sodas le mercredi, et surtout sa confidente, Yaga, la vieille Indienne, qui a planté son tipi sur le parking de la cité.